História bíblica de Israel:
perspectivas do Antigo
Testamento

SÉRIE CONHECIMENTOS EM TEOLOGIA

inter
saberes

Acyr de Gerone Junior
Marcos da Silva Batista

*História bíblica de Israel: perspectivas do Antigo Testamento*

2ª edição

inter
saberes

Rua Clara Vendramin, 58 . Mossunguê
CEP 81200-170 . Curitiba . PR . Brasil
Fone: (41) 2106-4170
www.intersaberes.com
editora@intersaberes.com

**Conselho editorial**
Dr. Alexandre Coutinho Pagliarini
Drª Elena Godoy
Dr. Neri dos Santos
Mª Maria Lúcia Prado Sabatella

**Editora-chefe**
Lindsay Azambuja

**Gerente editorial**
Ariadne Nunes Wenger

**Assistente editorial**
Daniela Viroli Pereira Pinto

**Edição de texto**
Natasha Saboredo

**Capa**
Charles L. da Silva (*design*)
oatawa e Artishok/Shutterstock (imagem)

**Projeto gráfico**
Charles L. da Silva

**Diagramação**
Maiane Gabriele de Araujo

***Designer* responsável**
Charles L. da Silva

**Iconografia**
Regina Claudia Cruz Prestes
Sandra Lopis da Silveira

---

Dados Internacionais de Catalogação na Publicação (CIP)
(Câmara Brasileira do Livro, SP, Brasil)

Gerone Junior, Acyr de
  História bíblica de Israel : perspectivas do Antigo Testamento / Acyr de Gerone Junior, Marcos da Silva Batista. -- 2. ed. -- Curitiba, PR : InterSaberes, 2024.
  -- (Série conhecimentos em teologia)

  Bibliografia.
  ISBN 978-85-227-1413-1

  1. Bíblia. A.T. – Teologia 2. Israel – História 3. Israel – Religião 4. Judaísmo – História I. Batista, Marcos da Silva. II. Título. III. Série.

24-200329                                                CDD-221.95

Índices para catálogo sistemático:
1. Israel : Antigo Testamento : Teologia bíblica   221.95

Cibele Maria Dias – Bibliotecária – CRB-8/9427

---

1ª edição, 2017.
2ª edição, 2024.
Foi feito o depósito legal.

Informamos que é de inteira responsabilidade dos autores a emissão de conceitos.

Nenhuma parte desta publicação poderá ser reproduzida por qualquer meio ou forma sem a prévia autorização da Editora InterSaberes.

A violação dos direitos autorais é crime estabelecido na Lei n. 9.610/1998 e punido pelo art. 184 do Código Penal.

*sumário*

7 *apresentação*

capítulo um
13 **O povo de Deus: origem e êxodo**
15 1.1 Cronologia judaica
19 1.2 Origem do povo de Deus
24 1.3 Os patriarcas
31 1.4 O êxodo do Egito

capítulo dois
45 **A religião de Israel**
48 2.1 A aliança
49 2.2 Os Dez Mandamentos
51 2.3 As leis para um viver santo
52 2.4 O tabernáculo
57 2.5 O sacerdócio

| 63 | 2.6 As ofertas |
|---|---|
| 69 | 2.7 Festas e estações |
| 80 | 2.8 Uma religião firmada na aliança entre Deus e Israel |

capítulo três
| 83 | **A conquista de Canaã e a criação de um reino unido** |
|---|---|
| 85 | 3.1 A terra de Canaã |
| 89 | 3.2 Divisão das tribos de Israel |
| 92 | 3.3 A entrada na terra e o período dos juízes |
| 100 | 3.4 Monarquia unida |

capítulo quatro
| 119 | **O reino dividido: Israel** |
|---|---|
| 125 | 4.1 Israel, o Reino do Norte |

capítulo cinco
| 151 | **O reino dividido: Judá** |
|---|---|
| 155 | 5.1 Judá, o Reino do Sul |

capítulo seis
| 221 | **O exílio babilônico e a restauração da terra** |
|---|---|
| 223 | 6.1 A vida dos que ficaram em Judá |
| 226 | 6.2 A vida na Babilônia |
| 228 | 6.3 A influência sobre a religião judaica |
| 234 | 6.4 A restauração da terra |

| 243 | *considerações finais* |
|---|---|
| 247 | *glossário* |
| 251 | *referências* |
| 255 | *sobre os autores* |

# apresentação

O Antigo Testamento, em face de sua beleza, sua historicidade e sua excelência literária, desperta interesse em milhões de pessoas no mundo acadêmico e mundo afora. Um sem-número de estudiosos e pesquisadores debruçam-se sobre o Antigo Testamento para melhor compreender o judaísmo e as culturas do Oriente Próximo que precederam o cristianismo e, por conseguinte, a Era Cristã como um todo.

Tamanha curiosidade é justificável para que se possa conhecer a história de Israel, uma nação pequena, mas de presença marcante no cenário mundial há tempos. Assim, o Antigo Testamento ocupa lugar peculiar na literatura mundial, despertando atração especial como nenhuma outra obra, uma vez que seus relatos foram cuidadosamente transmitidos com precisão, caracterizando-se, portanto, como um livro que transita de maneira primorosa por todas as gerações de leitores.

Nesta obra, descrevemos a história do povo de Israel com base em uma perspetiva bíblica. Os relatos contidos aqui não vão além das histórias e do tempo bíblico. Aliás, por se tratar de uma obra intitulada *História* **bíblica** *de Israel: perspectivas do Antigo Testamento*, não há dúvidas de que a Bíblia é o livro, o monumento – o roteiro seguro e inequívoco. Entretanto, tal postura metodológica não deixa de contemplar o significativo legado de teóricos que são, de fato, especialistas na história de Israel. Vale destacarmos a substancial contribuição de Balancin (1989), Gusso (2003), Beaumont (2012, 2013) e Lawrence (2008), cujas simplicidade e objetividade – sem, todavia, negligenciar profundidade e contexto – ajudam a imergir melhor nessa fascinante história bíblica.

Assim, o tema da obra será mais bem apreendido por meio de uma análise à luz do contexto bíblico. Nesse contexto, não apresentaremos debates sobre as divergências que permeiam a óptica de diferentes historiadores de Israel, tampouco uma explicação doutrinária alicerçada nas várias correntes teológicas ou eclesiológicas que perpassam o cristianismo. Nosso intuito é, em verdade, debruçarmo-nos sobre o texto bíblico e descrevê-lo de forma tal que os leitores possam contemplar a história bíblica de Israel no período do Antigo Testamento de modo linear, simples e objetivo.

Os livros que compõem o Antigo Testamento, conforme utilizado pelos líderes religiosos, subdividem-se em três grupos. De Gênesis a Ester, a narrativa abarca o desenvolvimento do povo de Israel até fins do século V a.C., mencionando outras nações apenas quando correlatas à história do povo hebreu.

A narrativa é interrompida ao menos por quatro séculos antes de Cristo, demarcando o intervalo entre o Antigo e o Novo Testamento, período em que floresceu a literatura deutero-canônica.

Jó, Salmos, Provérbios, Eclesiastes e Cântico dos Cânticos são classificados como poesias, literatura e sabedorias. Tratam da sabedoria para a vida de um modo geral, abrangente e universal, não narrando necessariamente a história de Israel – à exceção de poucos salmos escritos em decorrência de algum evento específico.

Os demais livros são as vozes dos profetas que se levantavam de tempos em tempos sobre o povo para orientar, repreender, alertar ou consolar da parte de Deus. Tais inserções históricas viabilizam a compreensão das lutas e vitórias pelas quais o povo hebreu passou para cumprir o propósito divino de tornar Israel a Sua nação particular.

Para facilitar a compreensão, subdividimos o tema em seis capítulos. No primeiro capítulo, contemplaremos o surgimento do povo de Israel, culminando em um dos mais emblemáticos momentos de sua história: a escravidão no Egito, findada com o êxodo do povo eleito. No segundo capítulo, ainda no contexto do êxodo, abordaremos a origem da religião do povo de Israel durante a peregrinação pelo deserto.

No terceiro capítulo, abarcaremos o período posterior aos 40 anos de peregrinação no deserto, descrevendo como Israel conquistou a terra prometida e estabeleceu um reino que, enquanto unido, foi governado por Saul, Davi e Salomão.

No quarto e no quinto capítulos, analisaremos o período crítico da história do povo de Deus: a divisão do reino. Primeiramente, apresentaremos um pouco mais da história do Reino do Norte, ou seja, Israel até sua extinção e o consequente envio para o cativeiro assírio. Posteriomente, examinaremos a outra nação, localizada ao sul: Judá. Nosso objetivo é contextualizar esse período histórico do povo de Deus por meio dos atos de seus governantes em relação direta com a mensagem de alguns profetas contemporâneos.

No último capítulo, revelaremos como ocorreu o exílio do povo de Judá, que regressou à terra natal após 70 anos no cativeiro babilônico.

Todos os seis capítulos denotam que se trata de um povo que destoa dos demais. A história de Israel poderia ser vista como um processo de discipulado, no transcorrer do qual Deus ensina, lentamente, Sua vontade e a natureza de Seu ser, à medida que os anos passam e os profetas pregam.

Pela leitura das narrativas do Antigo Testamento, é possível descobrir que o grande herói não é Moisés, Davi ou Ester, mas o próprio Deus. Ele é o autêntico protagonista de todas as histórias bíblicas. As figuras humanas são permeadas por falhas, hesitações e incertezas, que, muitas vezes, as levam a agir de forma singular, passando ao largo da noção de "modelo" de conduta moral para quem quer que seja.

A fidelidade das Escrituras na narrativa da história de Israel não esconde os equívocos cometidos por seus líderes. Abordaremos a vida dos reis, em seus erros e acertos, com total isenção para mostrar quão humanos eram, em vez de apresentá-los como modelos de perfeição.

Os exemplos de Davi, um homem segundo o coração de Deus, e de seu filho Salomão, o homem mais sábio de seu tempo, encarnam essa isenção no tocante a qualquer tipo de eventual proteção da imagem, demonstrando a vulnerabilidade inerente ao ser humano.

A história desse povo certamente não foi preservada para servir de modelo. Ela descreve a forma poderosa como Deus escolheu um homem para dar origem a um povo que se relacionasse com Ele à Sua maneira, segundo a Sua vontade.

Quando a história de Israel no Antigo Testamento termina, o povo eleito por Deus ainda não está plenamente formado. A cortina se fecha sobre o palco da história e se reabre apenas no nascimento de Jesus. É a continuação da história e a parte decisiva no processo gerador orquestrado por Deus.

Ansiamos que a leitura deste livro possibilite sentir de forma muito mais intensa o grande amor de Deus por meio da história de um povo – o povo de Israel. Com a pretensão de alcançar vários públicos, sobretudo estudantes da Bíblia, teológos ou não, esperamos que a obra enriqueça a fé de cristãos e o conhecimento geral por parte de todos os que almejam se aprofundar nas raízes de uma nação de vital importância para a história da humanidade.

Quando eventualmente tentados a criticar ou elogiar um ou outro personagem da narrativa, lembremos quem a conduz. Assim, cada ato desse drama nos presenteará tanto com eventos para memorizar quanto com razões para adorar o Deus de Israel no Antigo Testamento.

"Jesus disse: Examinai as Escrituras porque vós cuidais ter nelas a vida eterna e são elas que de mim testificam" (João, 5: 39).

*capítulo um*

## O povo de Deus: origem e êxodo

# 01

Dissertar sobre a história de Israel é um grande desafio para qualquer historiador ou teólogo – afinal, conforme o título do capítulo denota, trata-se da trajetória de um povo especial. De fato, "Israel ocupa uma posição de destaque no Antigo Testamento. Afinal, Deus escolheu Israel para ser seu povo" (Day; Smith, 2015, p. 14). Para tanto, não basta uma simples narrativa histórica; é preciso ampliar a visão, aprofundar questões teológicas sem negligenciar que cada momento histórico desse povo tem implicações para a fé judaica e cristã.

Na gênese desse povo, há três designações diferentes para a descendência de Abraão: o termo *hebreus* significa "andarilhos", provavelmente por ele descender de Éber (Gênesis, 11: 14-17); *israelitas*, por sua vez, faz referência a Israel, nome dado ao patriarca Jacó, após sua luta com Deus no vau de Jaboque (Gênesis, 32: 27-28); por fim, *judeus* alude a Judá, um dos filhos de Jacó, ao qual foi prometido o *cetro do reino* (Gênesis, 49: 10), nome recebido na Babilônia. Portanto, não há qualquer diferença entre essas designações atribuídas ao povo em questão – todas as três, aliás, foram utilizadas para si próprio pelo apóstolo Paulo (Filipenses, 3: 4; Romanos, 11: 1; I Coríntios, 9: 20).

Neste primeiro capítulo, analisaremos a origem bíblica do povo de Deus – porque, afinal, como afirma Gusso (2003, p. 3), "Israel, assim como as outras nações, não surgiu do nada"; há uma história, há um surgimento. Por fim, com base em sua origem relatada na Bíblia Sagrada, chegaremos a um momento histórico peculiar na vida do povo hebreu: o período da formação de um grande povo durante sua escravidão em terras egípcias até o clímax representado pelo êxodo.

## 1.1 Cronologia judaica

Os dados cronológicos são essenciais para a descrição histórica, pois ajudam a contextualizar as narrativas bíblicas e outros eventos. Para tanto, elaboramos um quadro cronológico, que apresenta o passado distante de Israel, organizando os eventos conforme a ordem de acontecimento (Quadro 1.1).

Todas as datas em questão são meramente aproximadas, uma vez que é impossível termos a certeza do dia, mês ou mesmo ano exato de determinado evento do Antigo Testamento em virtude das distâncias cronológica, geográfica e cultural que dele nos separam.

A própria diferença entre o calendário judaico antigo e o calendário ocidental moderno agrava a situação. Aliás, como bem consta do *Manual Bíblico SBB* (SBB, 2008, p. 42), "os mais antigos calendários, inclusive os do Israel antigo, foram elaborados em função das estações do ano agrícola e dos ritos religiosos". De fato, os judeus não contavam os dias, meses e anos como nós os contamos hoje. Por exemplo: a quantidade de anos de um reinado muitas vezes provoca confusão por causa do sistema de corregência, no qual o filho assume o trono ao lado do pai durante certo período. Portanto, a elaboração de um quadro cronológico sob os pressupostos da história de Israel tem como objetivo principal apresentar Deus como o Senhor da história e demonstrar a forma graciosa como Ele resolveu separar uma família para dela fazer uma grande nação.

Quadro 1.1 – Cronologia geral da história de Israel

| Ano | Cronologia |
|---|---|
| 2090 a.C. | Chamada de Abraão |
| 2065 a.C. | Isaque |
| 2005 a.C. | Jacó |
| 1914 a.C. | José |
| 1875 a.C. | Descida de Jacó ao Egito |
| 1525 a.C. | Moisés |
| 1445 a.C. | Êxodo – Saída do povo do Egito |
| 1405 a.C. | Josué dirige o povo – Entrada na terra prometida – Conquista das cidades cananeias – Organização das tribos |
| 1375 a.C.-1075 a.C. | Vários juízes se esforçam para organizar as tribos e resistir às invasões e opressões externas |
| 1330 a.C. | Rute, a moabita, casa-se com Boaz |
| 1070 a.C. | Samuel – Misturando um perfil de sacerdote, profeta e juiz, dirige o povo para a monarquia |
| 1050 a.C. | Saul – Início da monarquia |

*(continua)*

*(Quadro 1.1 – continuação)*

| Ano | Cronologia |
|---|---|
| 1010 a.C. | Davi – Após a morte de Saul, Davi assume o reinado com o apoio de todo o povo |
| 972 a.C. | Salomão – O último rei do reino unido, após o qual há o desacordo político que dividirá Israel em dois pequenos Estados: Israel, ao norte, e Judá, ao sul |
| 931 a.C. | Cisma político – Israel, ao norte, e Judá, ao sul |
| 931 a.C. | Jeroboão I (Israel) – Roboão (Judá) |
| 913 a.C. | Abias (Judá) |
| 910 a.C. | Nadabe (Israel) |
| 909 a.C. | Baasa (Israel) |
| 886 a.C. | Elá (Israel) |
| 886 a.C. | Onri (Israel) |
| 874 a.C. | Acabe (Israel) |
| 873 a.C. | Josafá (Judá) |
| 853 a.C. | Acazias (Israel) – Jeorão (Judá) |
| 841 a.C. | Jeú (Israel) – Atalia (Judá) |
| 835 a.C. | Joás (Judá) |
| 814 a.C. | Jeoacaz (Israel) |
| 798 a.C. | Jeoás (Israel) |
| 796 a.C. | Amazias (Judá) |
| 793 a.C. | Jeroboão II (Israel) |
| 792 a.C. | Ozias (Judá) |
| 753 a.C. | Zacarias (Israel) |
| 750 a.C. | Jotão (Judá) |
| 746 a.C. | Manaém (Israel) |
| 743 a.C. | Acaz (Judá) |
| 732 a.C. | Oséias (Israel) |

*(Quadro 1.1 – continuação)*

| Ano | Cronologia |
|---|---|
| 728 a.C. | Ezequias (Judá) |
| 722 a.C. | Queda de Samaria (Israel) sob a Assíria – Desterro completo dos judeus do Reino do Norte – Surgimento dos samaritanos |
| 698 a.C. | Manassés |
| 643 a.C. | Amom |
| 641 a.C. | Josias |
| 609 a.C. | Jeoacaz |
| 609 a.C. | Jeoaquim |
| 598 a.C. | Joaquim |
| 597 a.C. | Zedequias |
| 586 a.C. | Queda de Jerusalém – Destruição do templo – Exílio babilônico – Surgem dois grupos: os remanescentes, na Palestina, e os exilados, na diáspora |
| 586 a.C. | Exílio babilônico |
| 538 a.C. | Retorno do exílio |
| 536 a.C. | Zorobabel |
| 458 a.C. | Esdras |
| 445 a.C. | Neemias |
| 333-167 a.C. | Domínio do Império Grego sobre a Palestina |
| 167-63 a.C. | Liberdade da Palestina sob o governo dos macabeus |
| 63 a.C. | A Palestina é transformada em província romana |
| 37 a.C. | Início do governo de Herodes, o Grande, sobre a Judeia |
| 4 | Nascimento de Paulo |
| 6 | Nascimento de Jesus |
| 66-70 | Guerra judaico-romana |
| 70 | Destruição de Jerusalém e do templo |

*(Quadro 1.1 – conclusão)*

| Ano | Cronologia |
|---|---|
| 622 | Maomé funda o islamismo |
| 1453 | Queda de Constantinopla |
| 1939-1945 | Segunda Guerra Mundial |
| 1947-1948 | Fundação do Estado de Israel |

Fonte: Elaborado com base em Bíblia, 2008.

## 1.2 Origem do povo de Deus

O livro de Gênesis descreve a criação do primeiro casal e a forma como ele trouxe a desobediência à humanidade, detendo-se, momentaneamente, no crescimento da maldade no mundo, até que Noé emerge como o único digno de sobreviver a um grande desastre. Logo após o emblemático dilúvio – um autêntico divisor de águas –, o foco da história se fecha gradativamente, até se concentrar em apenas uma família. Gusso (2003) ressalta, com propriedade, que não devemos ler o Gênesis sob a expectativa de um relato com precisão cronológica, mas considerar que há um espaço de tempo desconhecido entre a primeira parte do livro (1-11) – da criação ao dilúvio – e a segunda (12-50), que descreve a história dos patriarcas e, por conseguinte, o florescimento do povo de Deus.

Se toda história tem um começo, quando seria o de Israel? Certamente, a figura de Abrão, cujo nome foi posteriormente mudado por Deus para Abraão (Gênesis, 17: 5), é a gênese, o início de tudo. Tanto sua história quanto a de todos os demais patriarcas "são contadas em Gênesis como uma retrospectiva" (SBB, 2008, p. 62). Foi uma longínqua região, entre os rios Tigre e Eufrates, que testemunhou o início da história. Geograficamente, a maior parte dos dramas do povo de Deus pode ser localizada com relativa facilidade nessa região em forma de lua, batizada pelos estudiosos de *Crescente Fértil*.

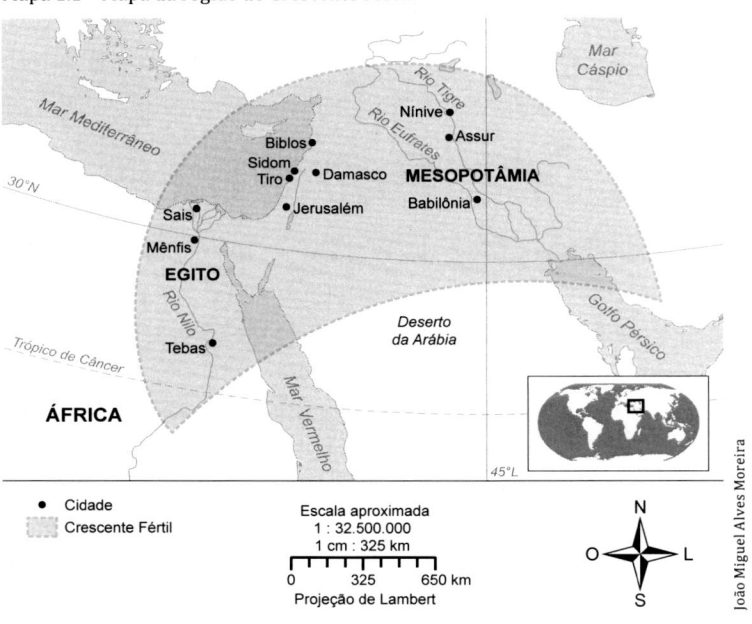

Mapa 1.1 – Mapa da região do Crescente Fértil

Fonte: Elaborado com base em Bezerra, 2024.

De acordo com Beaumont (2012), a extensão do Crescente Fértil abrange do Golfo Pérsico, seguindo pelos rios Tigre e Eufrates, atravessando Assíria e Canaã, até culminar no Egito pelo Vale do Nilo. Essa área geográfica testemunhou a peregrinação dos patriarcas, a travessia do povo durante o êxodo, a vida das tribos, o florescimento de monarquias e, posteriormente, a vinda de exilados, caracterizando o cenário de grande parte das narrativas do Antigo Testamento.

Se os povos do Tigre e do Eufrates, somados aos egípcios, foram os mais fortes nos primórdios da história de Israel, **Canaã, a terra prometida**, situava-se em uma posição estratégica: precisamente na passagem entre eles. Quem controlava Canaã, portanto, controlava a ponte que interligava os maiores centros de civilização e cultura da Antiguidade.

Posteriormente rebatizada de Palestina, Canaã não era uma vasta extensão de terra. Seus pouco mais de 16 mil quilômetros quadrados a tornavam não muito maior do que Sergipe, um dos menores estados brasileiros. É possível constatar o tamanho de Canaã no mapa que representa o mundo do Antigo Testamento.

Diante de uma perspectiva da pré-história de Israel (Gusso, 2003), podemos afirmar que o surgimento do povo de Deus data de quando os impérios centralizados da Mesopotâmia deram lugar às **cidades-Estado**. Elas eram governadas por reis, caracterizando uma espécie de monarquia em miniatura, por assim dizer. Tratava-se de um império de apenas uma cidade, mas com todas as implicações sociais de um império, como uma Corte para ser sustentada pelas classes mais pobres.

As cidades-estado podiam ser tanto uma fonte de proteção quanto de opressão e insanidade para as pessoas sob seu jugo, conforme quem reinava em determinado período.

**Saiba mais**

## O que era uma cidade-estado?

Era uma cidade governada por um rei. Era independente, como se fosse um pequeno país, cercada de muralhas, para evitar as invasões dos inimigos. Tinha uma parte alta, chamada acrópole, onde ficava o palácio do rei, o templo, e onde morava a classe dominante, gente da elite. Na parte baixa ficava o mercado e o casario de gente mais pobre, como pequenos comerciantes, artesãos e pessoal de segundo escalão.

Ao redor da cidade havia terras cultivadas por camponeses, que aí moravam em casas pequenas, desprotegidos, pois estavam fora das muralhas. O rei dava certa proteção com soldados, mas exigia em troca completa submissão. Com seu trabalho e lavoura esses camponeses sustentavam os grandes, que viviam na parte alta, pagando a eles tributo. Na maioria das vezes, sobrava para eles muito pouco da colheita e, por isso, viviam como escravos e numa situação miserável.

Em Canaã, essas cidades-estado faziam parte do império do Egito, e pagavam tributo ao Faraó. E os camponeses tinham também que arcar com parte desse tributo.

*Fonte: Balancin, 1989, p. 10.*

Ur dos Caldeus foi a cidade-Estado de onde os pais de Abraão partiram em direção a Harã, dois grandes centros de civilização (Gusso, 2003). O contexto religioso era **politeísta**: as pessoas criam na existência de vários deuses e os adoravam esporadicamente – tudo dependia do que desejavam da divindade em questão, pois havia deuses para as mais diversas necessidades.

Se o problema era a colheita, recorria-se ao deus da fertilidade; se era uma viagem, invocava-se a divindade das estrelas; se era um adversário, uma divindade pessoal encontrava-se a postos para ajudar – algo semelhante aos anjos da guarda da crença popular pagã.

Os pais de Abraão eram politeístas. Gusso (2003, p. 10) lembra que Terá, pai de Abraão, deve ter adorado, por exemplo, Lua (um deus da região), já que "a Bíblia o apresenta como idólatra (Josué 24: 2)". Aliás, toda a sociedade da época era politeísta. Abraão viveu sob esse contexto, mas, pela misericórdia de Deus, foi chamado para fora dele, em um encontro que seria lembrado por todos os seus descendentes. A chamada do grande patriarca demarcou o início da comovente história do povo de Deus, cujo clímax é o nascimento em carne do mesmo Deus que o chamara. Eis as preciosas palavras dirigidas por Deus a Abraão:

> *Sai da tua terra, de tua parentela, e da casa de seu pai, para a terra que eu te mostrarei. E eu farei de ti uma grande nação; e eu te abençoarei, e engrandecerei teu nome; e tu serás uma bênção. E eu abençoarei aos que te abençoarem, e eu amaldiçoarei aqueles que te amaldiçoarem; e serão benditas em ti, todas as famílias da terra.* (Gênesis, 12: 1-3)

Será que Abraão conhecia esse Deus que lhe falava pela primeira vez? Pela narrativa bíblica, esse foi o primeiro encontro, que certamente mudou sua vida, fazendo-o abandonar a casa dos pais e fundar ele próprio uma família. Ele então se torna o chefe do lar, o responsável pelas vidas de sua esposa, de seus empregados e de um sobrinho que decide acompanhá-lo em sua viagem para o desconhecido, rumo a uma promessa, como relata a Bíblia Sagrada: "O Senhor, Deus do céu, que me tirou da casa de meu pai e de minha terra natal, e que me falou, e jurou, dizendo: À tua descendência darei esta terra, ele enviará o seu anjo, que te há de preceder, e tomarás de lá esposa para meu filho" (Gênesis, 24: 7).

A promessa era grande. Abraão sequer tinha filho; como seria pai de uma grande nação? Mas Abraão creu. Foi o diferencial em sua vida, pelo qual ele passou a ser lembrado como um homem de fé.

*O povo de Deus: origem e êxodo*  23

## 1.3 Os patriarcas

A partir do Capítulo 12, o Gênesis se dedica, mais precisamente, a narrar a origem da nação de Israel. Três personagens estão no centro de tais narrativas, interligados por laços sanguíneos e sociais: Abraão, Isaque e Jacó.

Como afirma Dattler (1984), a força das ações e da personalidade de Abraão e Jacó suplanta e reduz a força da imagem de Isaque, sobre o qual pouco se fala como personagem principal. O pai e o filho mais novo tomam conta da maior parte da narrativa – o que, no entanto, não impede que Isaque apareça "como o herdeiro das promessas divinas feitas a seu pai" (Gusso, 2003, p. 11).

**Saiba mais**

Abraão, Isaque, Jacó e seus doze filhos são chamados de patriarcas (chefes de família), isto é, homens que lideravam e conduziam sozinhos suas famílias e seus clãs.

*Fonte: Beaumont, 2012, p. 23.*

### 1.3.1 Abraão, Isaque e Jacó

Estes homens, com as respectivas famílias, eram **nômades**, não fixavam residência em cidade alguma. Beaumont (2012, p. 19) lembra que "Abraão habitou em tendas sempre mudando de lugar à procura de pasto para seus rebanhos cada vez maiores". De fato, a promessa de Deus de abençoar Abraão e sua descendência se cumpria velozmente. A cada aparição dos patriarcas, seus bens e sua prosperidade tornavam-se visivelmente maiores. A narrativa do casamento de Isaque com Rebeca, por exemplo, começa com a seguinte frase reveladora: "Abraão era velho e de idade avançada.

E o Senhor abençoou Abraão em tudo" (Gênesis, 24: 1). E vai além: "O Senhor abençoou grandemente meu senhor, que se tem engrandecido; e Ele lhe deu carneiros e bois, prata e ouro, servos e servas, camelos e jumentos" (Gênesis, 24: 35).

Os patriarcas, pelas relações que mantinham com egípcios, cananitas e outros grupos, aparentavam ser ricos comerciantes, de grande prestígio. Os chefes tribais de Canaã viam neles príncipes com quem deveriam firmar alianças e tratados – afinal, para os patriarcas, era muito importante "manter a paz e relações amistosas com os que estavam próximos" (Gusso, 2003, p. 12).

## 1.3.2 Lugares importantes para os patriarcas

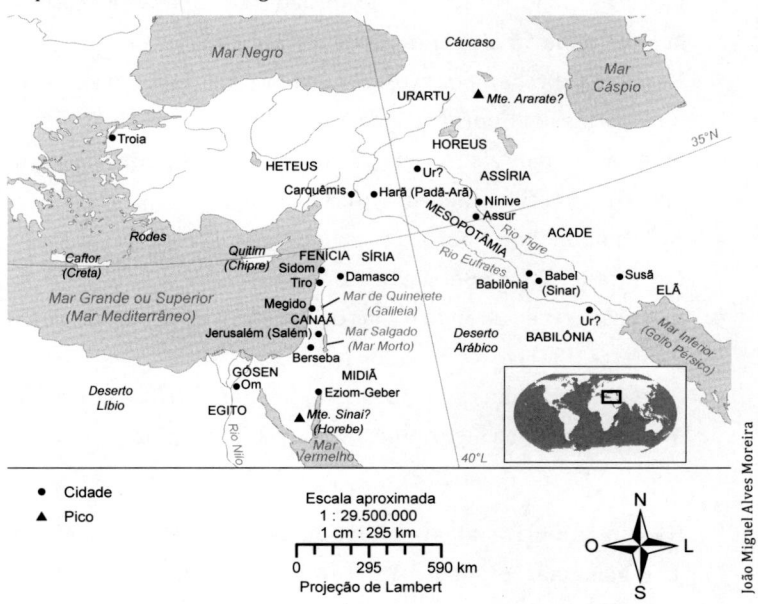

Mapa 1.2 – O mundo do Antigo Testamento

*Fonte: Elaborado com base em LDS, 2024b.*

Como já expusemos, o modo de vida de Abraão era nômade – ou, conforme Gusso (2003), seminômade, diferenciado em relação ao dos beduínos, que viviam livremente no deserto. Nesse sentido, portanto, Beaumont (2012, p. 20) destaca: "A peregrinação de Abraão não terminou após alcançar Canaã. Na verdade, era apenas o começo de suas aventuras com Deus. Abraão passou o retante de sua longa vida peregrinando de lugar para lugar".

Eis, portanto, alguns lugares de suma importância na vida e na peregrinação dos patriarcas:

- **Siquém**: o nome quer dizer "pescoço", porque a cidade surgia como um pescoço entre dois ombros, no vale entre os montes Ebal e Garizim (Gênesis, 33: 18). Em Siquém, Abraão construiu um altar para o Deus vivo (Gênesis, 12: 6-7).
- **Egito**: em meio a dificuldades, Abraão mudou para o Egito, pois lá poderia haver alimento (Gênesis, 12: 10-20).
- **Hebrom**: Abraão, após retornar do Egito, passou a maior parte de sua vida em Hebrom (Gênesis, 13: 14-18).
- **Manre**: os anjos visitaram Abraão e Sara em Manre e lhes prometeram um filho (Gênesis, 18: 1-15).
- **Betel**: nome que significa "casa de Deus". "Disse Deus a Jacó: Levanta-te, sobe a Betel e habita ali; faze ali um altar ao Deus que te apareceu quando fugias da presença de Esaú, teu irmão" (Gênesis, 35: 1).
- **Berseba**: o nome quer dizer "o poço dos sete" e indica que Abraão ficava nos lugares em que havia fonte de água (Gênesis, 26: 32-33).

Há, ainda, outros lugares, tais quais Sodoma, Gerar, Monte Moriá e Macpela, conforme descrevem Beaumont (2012) e Day e Smith (2015). Em todos, o núcleo das narrativas, que interliga cada um dos patriarcas, de Abraão a Jacó, é a aliança firmada com

Deus – ou, melhor dizendo, o pacto que Deus firmou com eles, já que aos patriarcas restava apenas a aceitação, afinal, "a iniciativa partiu exclusivamente de Deus e foi realizada totalmente por ele" (Beaumont, 2012, p. 21). Todo o restante, portanto, seria com Deus. Nesse pacto, a terra de Canaã foi prometida como herança à descendência dos patriarcas. Como sinal, exigia-se a circuncisão, surgindo o elemento visível de um pacto muito maior do que eles então poderiam compreender.

Tanto Abraão quanto Isaque e Jacó, durante suas vidas, eram homens prósperos, mas não tinham lugar determinado para ficar. Migravam ao sabor das circunstâncias. Iam constantemente ao Egito e de lá regressavam. Em Canaã, o tempo de residência era determinado pela duração da água dos poços e pela paz no lugar. Em caso de divergências com os habitantes locais, eles se mudavam rumo a melhores regiões. A única coisa que tinham era a promessa feita a Abraão, renovada com Isaque:

> Sobrevindo fome à terra, além da primeira havida nos dias de Abraão, foi Isaque a Gerar, avistar-se com Abimeleque, rei dos filisteus. Apareceu-lhe o Senhor e disse: Não desças ao Egito. Fica na terra que eu te disser; habita nela, e serei contigo e te abençoarei; porque a ti e a tua descendência darei todas estas terras e confirmarei o juramento que fiz a Abraão, teu pai. Multiplicarei a tua descendência como as estrelas dos céus e lhe darei todas estas terras. Na tua descendência serão abençoadas todas as nações da terra; porque Abraão obedeceu à minha palavra e guardou os meus mandados, os meus preceitos, os meus estatutos e as minhas leis. Isaque, pois, ficou em Gerar. (Gênesis, 26: 1-6)

E, igualmente, com Jacó:

> Perto dele estava o Senhor e lhe disse: Eu sou o Senhor, Deus de Abraão, teu pai, e Deus de Isaque. A terra em que agora estás deitado, eu ta darei, a ti e à tua descendência. A tua descendência será como o pó da terra;

*estender-te-ás para o Ocidente e para o Oriente, para o Norte e para o Sul. Em ti e na tua descendência serão abençoadas todas as famílias da terra. Eis que eu estou contigo, e te guardarei por onde quer que fores, e te farei voltar a esta terra, porque te não desampararei, até cumprir eu aquilo que te hei referido.* (Gênesis, 28: 13-15)

Último dos grandes patriarcas, Jacó foi um indivíduo controverso. "Esperto e sempre disposto a levar vantagem pessoal" (SBB, 2008, p. 144), Jacó mostrava-se um grande enganador quando intentava apropriar-se indevidamente da bênção que seu pai, Isaque, queria dar a Esaú, o primeiro filho. Em outra oportunidade, já havia conseguido negociar o direito de primogenitura de seu irmão faminto em troca de um prato de sopa.

Tais ações pouco nobres forçaram Jacó a se refugiar na região de onde viera sua mãe, Rebeca, e, anteriormente, seu avô Abraão. Nesse lugar, na casa de parentes, encontrou suas duas esposas, Lia e Raquel, com as quais teve 12 filhos: os antecedentes das 12 tribos dos filhos de Israel. Após vários anos na casa de Labão, ao percorrer o mesmo caminho de seu avô, em direção a Canaã, Jacó já não era um solitário fujão, mas um arrojado chefe de um grande clã.

## 1.3.3 Ação de Deus na história

O primogênito de Abraão era Ismael, mas era filho da escrava. Porém, Deus escolheu Isaque, filho de Sara, para dar continuidade à promessa. O filho mais velho de Isaque e Rebeca era Esaú, mas Deus escolheu Jacó para levar avante o pacto. O filho mais velho de Jacó era Ruben, mas, de forma excepcional, a graça de Deus fez questão de escolher Judá e, com isso, dar continuidade ao Seu grandioso plano de formar um povo. Nesse sentido, "Embora a liderança da família normalmente recaísse sobre o filho mais velho, tanto

Isaque como Jacó eram, na verdade, os filhos mais jovens, demonstrando que Deus não está preso às tradições e costumes humanos" (Beaumont, 2012, p. 22).

Assim, para deixar claro que a formação do povo não seguiria um caminho natural, pressupondo Sua exclusiva eleição, Deus decidiu que Judá seria o progenitor da genealogia messiânica, embora tenha escolhido José para ser o grande herói que transformou um clã em uma nação, a partir de sua ida ao Egito.

É importante perceber que nenhum dos escolhidos por Deus tinha algo que justificasse a escolha divina. A graça soberana de Deus era o único elemento nesse processo vocacional. Semelhante afunilamento denota a intervenção de Deus na história: a cada vez mais, o herdeiro natural, que seria o primogênito, era desprezado em favorecimento daquele que Deus escolhia graciosa e livremente.

Abraão, em vários momentos, mostrava-se um homem assustado, que preferiu entregar a esposa nos braços de outro a morrer por ela (Gênesis, 20: 1). Isaque demonstrava ser um personagem frágil, facilmente enganado por sua esposa e seus filhos (Gênesis, 27: 1). Jacó revelava-se um ganancioso que não temia mentir para atingir seus objetivos: "Jacó chegou-se a Isaque, seu pai, que o apalpou e disse: A voz é de Jacó, porém as mãos são de Esaú, e não o reconheceu, porque as mãos, com efeito, estavam peludas como as de seu irmão Esaú. E o abençoou" (Gênesis, 27: 22-23).

Portanto, nada têm eles de especial. Deus os escolheu pela Sua graça e, a partir dessa massa imperfeita, delineou os traços de Seu povo. Maravilhado com a maneira de Deus agir, milhares de anos depois dos patriarcas, o apóstolo Paulo escreveu em sua carta aos romanos:

> *Não pensemos que a palavra de Deus tenha falhado, pois nem todos os descendentes de Israel são israelitas; nem por serem descendentes de*

*Abraão são todos seus filhos; pelo contrário: Em Isaque será chamada a tua descendência. Ou seja, os filhos de Deus não são os filhos naturais, mas os filhos da promessa é que devem ser considerados como descendência de Abraão. Porque a palavra da promessa é esta: No tempo certo virei, e Sara terá um filho. E não somente ela, mas também Rebeca, que concebera de um só, de nosso pai Isaque. Todavia, antes que os gêmeos nascessem, ou praticassem o bem ou mal (para que o propósito de Deus, conforme a eleição prevalecesse, não por obras, mas por aquele que chama), Foi dito a ela: O mais velho servirá ao mais novo. Como está escrito: Amei a Jacó, mas odiei a Esaú. Que diremos então? Há injustiça da parte de Deus? De modo nenhum! Pois ele diz a Moisés: Terei misericórdia de quem me aprouver ter misericórdia, e terei compaixão de quem me aprouver ter compaixão. Assim, pois, isto não depende do que deseja nem do que se esforça, mas de Deus que usa de misericórdia.*
(Romanos, 9: 6-15)

Beaumont (2012) ressalta que, bem como hoje, certos tipos de conflito são comuns nas histórias bíblicas. Em Gênesis, no Capítulo 37, percebemos que, por causa da preferência pouco sábia de Jacó por José, ampliada pela atitude inocente do próprio jovem ao revelar seus sonhos aos irmãos, e da consequente atitude vingativa destes, José foi vendido e levado como escravo para o Egito – à época, país de alto nível cultural, cujas célebres pirâmides já haviam sido erguidas cerca de mil anos antes. Todo esse incidente pouco nobre terminou por realocar o clã de Jacó às margens do Rio Nilo.

No Egito, José "experimentou altos e baixos" (Beaumont, 2012, p. 24), mas, milagrosamente, cresceu até se tornar um alto funcionário da Corte egípcia. Dispondo de semelhante poder, salvou sua família de uma grande fome que se abatera sobre Canaã e "arrasava a terra" (Gusso, 2003, p. 13).

No Egito, o clã composto por 12 famílias experimentou um crescimento impressionante. Era, enfim, um povo – sem terra, mas verdadeiramente um povo.

O próprio José não chegou a culpar seus irmãos pela ida forçada ao Egito, entendendo que Deus determinara os eventos da história com vistas ao bem de todos (Gênesis 50: 15-21). Deus dirige a história, usando vasos frágeis, na direção do cumprimento da promessa: "Farei de ti uma grande nação".

**Saiba mais**

### Israel antes de ser nação

- Período: 2090-1400 a.C.
- Regime: famílias e clãs que se organizavam aos poucos.
- Sistema: de troca.
- Religião: Deus de Abraão, Isaque e Jacó. Culto nas famílias, encabeçado pelo patriarca.
- Crise: conflito com as cidades.

*Fonte: SBB, 2008.*

## 1.4 O êxodo do Egito

Beaumont (2012, p. 26) destaca que "entre o final de Gênesis e o início do Êxodo se passaram 430 anos e uma nova dinastia egípcia surgiu". Um profundo silêncio textual denuncia o florescimento oculto de uma vasta obra. Como uma larva, cujo âmago engendra uma borboleta, o silêncio sepulcral de quatro séculos abriga o florescimento de uma grande nação em pleno seio inimigo: o faraó do Egito.

## 1.4.1 O tempo no Egito

Quando a cortina é reaberta e as luzes da narrativa são reacesas, o cenário é outro. A família de Jacó chegou com 70 pessoas para morar na região fértil do delta do Nilo e reapareceu com milhares de pessoas que povoavam o Egito e provocavam o medo de rebelião nos líderes egípcios. Gusso (2003, p. 17) pontua: "No início e, até mesmo, por séculos, eles se desenvolveram e viveram bem com aqueles que os haviam acolhido, mas, com o passar do tempo, não só os patriarcas morreram, também a situação política sofreu alterações".

De fato, eles entraram no Egito, livres, com dinheiro e de cabeça erguida. Depois, tornaram-se escravos, submetidos ao jugo dos chicotes dos capatazes, trabalhando na fabricação de tijolos para erguer as imponentes construções faraônicas.

Entra em cena um judeu com nome egípcio: Moisés. Esse homem coordenaria o maior episódio da história do povo de Deus no Velho Testamento: o êxodo do Egito – afinal, "era chegada a hora de tirá-los dali e levá-los para a terra que o Senhor havia prometido a Abraão" (Day; Smith, 2015, p. 19).

O êxodo passaria a ser lembrado como a grande intervenção de Deus na história de Seu povo. A maior parte dos cinco primeiros livros da Bíblia dedica-se a descrevê-lo e mais de um sexto de todo o Antigo Testamento trata de recontar esse período proporcionalmente curto da história. Com o êxodo, a promessa antes feita aos patriarcas estendeu-se ao povo, conforme a narrativa bíblica, asseverando que Deus "lembrou-se da sua aliança com Abraão, Isaque e Jacó" (Êxodo, 2: 24). A promessa transformou-se em uma aliança, um pacto. O Senhor seria o Deus de Israel e Israel, em contrapartida, seria o povo de Deus.

É verdade que antes o compromisso era unilateral, apenas Deus se comprometia com os patriarcas. Agora, pressupõe reciprocidade: se o povo fosse fiel, a aliança seria mantida; se fosse infiel, pagaria um alto preço.

## 1.4.2 A escravidão

> *Disse ainda o Senhor: Certamente, vi a aflição do meu povo, que está no Egito, e ouvi o seu clamor por causa de seus exatores. Conheço-lhe o sofrimento, por isso, desci a fim de livrá-lo da mão dos egípcios e para fazê-los subir daquela terra a uma terra boa e ampla [...]*
> (Êxodo, 3: 7-8)

Antes, é preciso responder a uma pergunta: Por que os hebreus – como eram chamados à época – eram tratados como escravos pelos egípcios se chegaram à terra como convidados? A resposta remonta à sucessão egípcia, que empossa um imperador que não se lembrava de José ou, então, não dava importância ao que ele representara para o Egito. Day e Smith (2015, p. 20), de forma bem simplificada, assinalam: "O Faraó da época de José não era o mesmo que escravizou os israelitas. Depois da morte de José passaram-se 400 anos. Durante esse período, os israelitas se tornaram numerosos. O Faraó da época do Êxodo temia que os israelitas se rebelassem contra eles".

O imperador em questão, além de não ter interesse pessoal nos hebreus, em virtude da ausência de vínculo sanguíneo com os egípcios, temia sua expansão demográfica, cuja taxa era superior à dos egípcios. O monarca receava que esse povo, de tão numeroso, organizasse uma rebelião e dominasse a nação. Então, adotou a estratégia de introduzir regras para oprimi-los e, consequentemente, reduzir sua taxa de crescimento. Assim, conforme pontua

Johnson (1989), o faraó[1] aumentou o trabalho forçado de inúmeros escravos e ordenou o massacre dos filhos dos hebreus.

Fossem os hebreus outra nação, sua estratégica teria surtido efeito, sim – mas eles, afinal, eram os escolhidos de Deus, ainda que até então não tivessem consciência do significado de tal condição. Pela providência divina, um garoto, Moisés, foi salvo da morte e criado na própria Corte egípcia.

### 1.4.3 O libertador

Descrevendo a aflição vivida pelo povo de Deus no Egito, Gusso (2003, p. 18) aponta para Moisés da seguinte forma:

> Depois de muito sofrimento, retratado em poucas linhas do relato bíblico, surge o libertador. Ele era Moisés: homem culto, descendente de Levi, criado pela filha do faraó. Não se apresentou como libertador por vontade própria, tinha certeza de que era enviado por Deus para libertar o seu povo.

Moisés foi educado em todas as áreas de conhecimento de uma das maiores culturas de toda a Antiguidade: artes, ciência, administração, liderança, regras internacionais, enfim. A Corte egípcia, entretanto, não lhe propiciava as características necessárias para ser o grande líder do povo de Deus. Ele ainda precisaria passar por um estágio sufocante nas areias do deserto.

Depois de matar um egípcio, com medo do faraó, Moisés fugiu para a terra de Midiã, onde foi acolhido por Jetro, um líder religioso (Êxodo, 2: 11-22). Além de casa, esse simpático religioso forneceu uma esposa para Moisés: Zípora. Uma vez casado e, portanto, chefe de família, Moisés foi treinado como pai, pastor de ovelhas e guia

---

1   Possivelmente, trata-se de Ramsés II, de acordo com Gusso (2003).

do deserto, tornando-se profundo conhecedor das dinâmicas em torno do Sinai. Sob o sol e as estrelas, ele adquiriu paciência, perseverança, perspicácia e resistência (Êxodo, 3) – porque, afinal, dura é a pele de um pastor de ovelhas do deserto, decerto bem diferente da de um príncipe egípcio acostumado a leite e sombra.

É possível afirmar, então, que Deus matriculou Moisés na *escola do deserto*, por assim dizer, e as habilidades ali aprendidas foram de grande utilidade para conduzir o povo de Deus, posteriormente, por esse mesmo lugar inóspito. Em pleno deserto, Deus apareceu a Moisés e o vocacionou, pessoalmente, para libertar Seu povo. A vida de Moisés pode ser assim esmiuçada:

Quadro 1.2 – Períodos da vida de Moisés

| Período | Condição | Posição | Aprendizado |
|---|---|---|---|
| 40 anos | Egito | Príncipe | Língua, atividades militares, costumes, clima, geografia |
| 40 anos | Deserto | Pastor | Língua, costumes, clima, geografia, vida nômade, segredos da região |
| 40 anos | Liderando o povo | Líder | Liderança, dependência de Deus, relacionamento com os outros, amor |

Fonte: Elaborado com base em Bíblia, 2008.

Tendo em vista a arrogância natural da Corte egípcia, não é difícil imaginar o espanto do faraó quando o ex-príncipe regressou do deserto exigindo a libertação dos escravos hebreus. Muito mais do que um autêntico desafio para o monarca, a forma como Moisés lhe dirigiu a palavra desafiava as próprias divindades egípcias. O Deus de Abraão, Isaque e Jacó – e, agora, também de Moisés – desejava Seu povo livre para adorá-Lo. Esse Deus tem nome: Javé.

## 1.4.4 As pragas

O faraó compreendeu a afronta às suas divindades e aceitou o desafio. O que se sucedeu, então, foi um lento e constante ataque do Senhor às divindades egípcias. Aliás, Gusso (2003, p. 18-19) destaca que "a observação da relação das pragas que sobrevieram sobre o Egito ajudam a perceber que o período foi longo". Uma a uma, nenhuma das divindades resistiu ao poderio do Deus dos deuses, o Deus de Moisés e seu povo. Eis a lista das dez pragas à luz do relato bíblico:

1. Água transformada em sangue (Êxodo, 7: 14-25)
2. As rãs (Êxodo, 7: 26 a 8: 15)
3. Os piolhos (Êxodo, 8: 16-19)
4. As moscas (Êxodo, 8: 20-32)
5. A peste dos animais (Êxodo, 9: 1-7)
6. As úlceras (Êxodo, 9: 8-12)
7. A chuva de pedras (Êxodo, 9: 3-35)
8. Os gafanhotos (Êxodo, 10: 1-20)
9. As trevas (Êxodo, 10: 21-29)
10. A morte dos primogênitos (Êxodo, 11: 1-10; 12: 29-36)

Os egípcios concebiam um mundo repleto de deuses, meio divinos e meio animais: em forma de gatos, cães, serpentes, crocodilos e afins. As forças da natureza (o Sol, a Lua, os rios etc.) também eram objeto de adoração. O episódio das pragas no Egito ilustra isso: mais do que simples milagre da natureza, cada praga foi uma afronta a um deus egípcio. O Nilo, o Sol, a Lua, a Terra e demais divindades egípcias não mais podiam protegê-los ante o poder soberano do Senhor. Assim,

> Cada praga era não somente uma consequência natural da praga anterior, mas também uma afronta direta aos deuses do Egito, uma vez que os egípcios consideravam cada elemento da criação atingido pelas pragas um deus, como o Nilo, ou representante de um deus, como o touro. Até mesmo o maior dos deuses egípcios, Rá (o deus do sol), foi atingido.
> (Beaumont, 2012, p. 26)

A fraqueza dos deuses dos egípcios veio à tona e nenhuma força da natureza era capaz enfrentar o Deus dos hebreus. A praga que transformou a água em sangue foi um golpe em Hapi e seu poder sobre as correntezas do Nilo; as rãs enchendo a terra atingiu os poderosos Hapi e Eqte e o sagrado pó da terra dos egípcios fora infestado de piolhos; Amon foi golpeado com a morte do gado; Rá, o deus-sol, foi derrotado com o súbito cair das trevas.

Deus, portanto, demonstrava Seu enorme poder em favor de Seu povo. Depois da última praga, os hebreus finalmente perceberam que Ele é onipotente e, após celebrarem a Páscoa, mais de dois milhões de pessoas, entre homens, mulheres e crianças, saíram do Egito com Moisés.

## Saiba mais

A libertação do Egito é celebrada pelos judeus até hoje por meio da festa anual da Páscoa (Êxodo, 12: 14-27), ocasião em que rememoram a promessa de Deus.

*Fonte: Beaumont, 2012, p. 27.*

Se os hebreus percorressem o caminho tradicional para Canaã, a viagem não levaria mais do que 15 dias, prazo regular de um comerciante ou uma caravana do Egito para a Palestina. Deus, porém, tinha outros planos para aquela viagem, que duraria **40 anos pelo deserto**. Os ex-escravos precisavam ser discipulados, como Moisés o fora. O povo deveria ser forjado por essa "escola de vida" antes de se organizar em tribos em Canaã. Mais especificamente:

> A fuga de Israel do Egito ocorreu em massa, um êxodo de seiscentos mil homens além das mulheres e crianças (Êxodo 12.37), totalizando aproximadamente de 2 a 3 milhões de pessoas. Apesar disso, deslocamentos sociais gigantescos como este não era incomuns no final da Idade Recente do Bronze. Guiado miraculosamente por Deus (Êxodo 13.21), o povo começou a viagem através do deserto, e três meses depois, chegou ao Monte Sinai, onde Moisés havia encontrado com Deus pela primeira vez. Ali o povo permaneceu por quase um ano, e também ali perceberam que o plano de Deus não era apenas libertá-los da escravidão, mas formar uma nação. (Beaumont, 2012, p. 28)

Portanto, três meses depois de sair do Egito, o povo chegou ao Monte Sinai, lá acampando por quase um ano. A promessa de Deus se transformou finalmente em uma aliança nacional. À luz desse contexto, surgiu a Lei, entregue a Moisés no Sinai. Com a Lei, um passo a mais foi dado no discipulado do povo. Ele percebeu que Deus, além de poderoso, é legislador e Sua legislação se constitui, predominantemente, em aspectos éticos e relacionais.

## 1.4.5 No deserto

Na primeira parada da peregrinação pelo deserto, o Monte Sinai testemunhou uma grande manifestação divina: o Senhor, que já encontrara Moisés na sarça ardente, revelou-Se para o povo por meio de trovões e relâmpagos.

Figura 1.1 – Monte Sinai

Sarawut Aiemsinsuk/Shutterstock

O Capítulo 19 de Êxodo descreve que, ao pé do Monte Sinai, o povo recebeu os **Dez Mandamentos** e diversas leis para nortear as relações interpessoais e internacionais. Eles precisavam de preceitos para se relacionar mutuamente – entre famílias e tribos e com outros povos. Deveriam estar cientes de que eram um povo especial, o povo eleito – certeza que passaria a nortear as relações. Gusso (2003) demarca que, a partir desse momento, o povo pode ser percebido como uma nação, pois Deus firmou uma aliança, não mais "com indivíduos (como no caso de Abraão), mas com uma nação" (Beaumont, 2012, p. 29).

Além de leis, eles receberam prescrições para a organização do culto a Deus, como o tabernáculo, o sacerdócio, as ofertas, os sacrifícios e as festas. Ao pé da montanha, Deus transformou a promessa em pacto, ao qual a obediência por parte do povo era condição fundamental e cuja introdução consistia nos Dez Mandamentos (Êxodo, 20: 1-16), depositados posteriormente na arca da aliança.

## Os Dez Mandamentos – Êxodo 20: 1-17

Então, falou Deus todas estas palavras: Eu sou o Senhor, teu Deus, que te tirei da terra do Egito, da casa da servidão.

**Não terás outros deuses diante de mim.**

**Não farás para ti imagem de escultura**, nem semelhança alguma do que há em cima nos céus, nem embaixo na terra, nem nas águas debaixo da terra.

Não as adorarás, nem lhes darás culto; porque eu sou o Senhor teu Deus, Deus zeloso, que visito a iniquidade dos pais nos filhos até a terceira e quarta geração daqueles que me aborrecem e faço misericórdia até mil gerações daqueles que me amam e guardam os meus mandamentos.

**Não tomarás o nome do Senhor, teu Deus, em vão**, porque o Senhor não terá por inocente o que tomar o seu nome em vão.

**Lembra-te do dia de sábado, para o santificar.** Seis dias trabalharás e farás toda a tua obra.

Mas o sétimo dia é o sábado do Senhor, teu Deus; não farás nenhum trabalho, nem tu, nem o teu filho, nem a tua filha, nem o teu servo, nem a tua serva, nem o teu animal, nem o forasteiro das tuas portas para dentro;porque, em seis dias, fez o Senhor os céus e a terra, o mar e tudo o que neles há e, ao sétimo dia, descansou; por isso, o Senhor abençoou o dia de sábado e o santificou.

**Honra teu pai e tua mãe**, para que se prolonguem os teus dias na terra que o Senhor, teu Deus, te dá.

**Não matarás.**

**Não adulterarás.**

••••••••••••••••••••••••••••••••••••••••••••••••••••••
Não furtarás.

Não dirás falso testemunho contra o teu próximo.

Não cobiçarás a casa do teu próximo. Não cobiçarás a mulher do teu próximo, nem o seu servo, nem a sua serva, nem o seu boi, nem o seu jumento, nem coisa alguma que pertença ao teu próximo.
••••••••••••••••••••••••••••••••••••••••••••••••••••••

*Fonte: Bíblia, 2006.*

O Deus que contemplaram na montanha desejava habitar entre eles. O povo percebeu como Ele é diferente dos outros deuses. As demais divindades ficavam enfurnadas em templos, que os adoradores precisavam frequentar para lhes prestar reverência. Javé, ao contrário, queria habitar em meio à Sua nação. Seu povo era, a um só tempo, Seu templo.

Para que isso acontecesse e Sua santidade se destacasse, o tabernáculo foi construído. Símbolo da presença de Deus, esse santuário era carregado para onde o povo ia, abrigando os sacrifícios e a adoração comunitária.

Na ocasião, instituíram-se as festas e celebrações periódicas – lembretes contínuos da singularidade do povo diante das demais nações. "Da mesma sorte, no dia da vossa alegria, e nas vossas solenidades, e nos princípios dos vossos meses, também tocareis as vossas trombetas sobre os vossos holocaustos e sobre os vossos sacrifícios pacíficos, e vos serão por lembrança perante vosso Deus. Eu sou o Senhor, vosso Deus" (Números, 10: 10).

Quadro 1.3 – Festas do calendário judaico

| Ano sagrado | Meses hebreus | Ano civil | Equivalência | Plantio |
|---|---|---|---|---|
| 1 | Abibe (Nisã) | 7 | Março/abril | Últimas chuvas da primavera |
| | | | | Começo da colheita da cevada |
| 2 | Liar (Zive) | 8 | Abril/maio | Colheita da cevada |
| 3 | Sivã | 9 | Maio/junho | Colheita do trigo |
| 4 | Tamuz | 10 | Junho/julho | |
| 5 | Abe | 11 | Julho/agosto | Amadurecimento dos figos e azeitonas |
| 6 | Elul | 12 | Agosto/setembro | Vindima |
| 7 | Tisri (Etanim) | 1 | Setembro/outubro | Fim das primeiras chuvas |
| | | | | Tempo de aragem |
| 8 | Hesvã | 2 | Outubro/novembro | Plantio do trigo e da cevada |
| 9 | Quisleu | 3 | Novembro/dezembro | |
| 10 | Tebete | 4 | Dezembro/janeiro | |
| 11 | Shebate | 5 | Janeiro/fevereiro | |
| 12 | Adar | 6 | Fevereiro/março | Florescimento das amendoeiras |

Fonte: Elaborado com base em McMurtry, 2012.

Aprofundaremos essa questão nos próximos capítulos. Por ora, vale ressaltar alguns aspectos:

- O sábado era o dia mais frequente de celebração e servia para lembrar-lhes a libertação da escravidão do Egito.

- Depois de seis anos, haveria o ano sabático, a ser cumprido quando estivessem em Canaã, prevendo o descanso do campo, o cancelamento de dívidas e a libertação de escravos.
- Após 49 anos, deveriam comemorar o ano do Jubileu, quando as terras perdidas seriam devolvidas aos donos originais.
- Como festas anuais, foram instituídas:
  - a **Festa da Páscoa**, que recordava o milagre no Egito, quando apenas os primogênitos dos egípcios foram mortos pela última praga;
  - a **Festa das Primícias**, que era realizada após a colheita do trigo e celebrava a provisão divina derramada sobre a nação; e
  - a **Festa das Tendas**, que durava uma semana inteira sob tendas, para recordar o período de peregrinação pelo deserto.

De todas essas cerimônias, a mais importante era o **Dia do Jubileu**: apenas uma vez ao ano, o sumo sacerdote adentraria o lugar santíssimo do tabernáculo (futuramente, realizado no templo), dia em que aconteciam as cerimônias de sacrifício de expiação pelos pecados do povo. Com isso, a nação aprendeu que Javé era um Deus misericordioso, mas também era santo: a iniquidade não poderia ficar impune. Um ser vivo poderia tomar o lugar do outro na recepção da pena pelo erro. No momento, era um animal; no futuro, seria o filho do próprio Deus.

**Saiba mais**

## O que é sacrifício de comunhão?

O sacrifício de comunhão, também chamado *pacífico*, era uma espécie de banquete sagrado, para exprimir a comunidade de vida e a relação de aliança e amizade entre os fiéis e Deus. O animal (ovelha, cabra ou boi) entregue para o sacrifício era oferecido a Deus e, depois, repartido: toda a gordura, os rins, o fígado e a cauda eram queimados no altar; a melhor parte ficava com os sacerdotes e a parte restante era comida pelos fiéis reunidos em família e vizinhança.

*Fonte: Elaborado com base em Mackintosh, 2010.*

## Atividades

1. Por que é importante, para um estudante de Teologia, aprender sobre a história de Israel?

2. Para estudar aspectos históricos, como é o caso da história de Israel, devemos utilizar dados cronológicos. No entanto, as datas conhecidas são aproximadas. Por que há dificuldade em determinar uma data exata?

3. Qual é a região geográfica onde se pressupõe o início da história de um homem, chamado Abraão, e de sua família, e que, posteriormente, abrigaria o florescimento de considerável parte da história do povo de Deus? Qual foi a importância dessa região?

4. Quanto tempo levou para que um grande povo se formasse no Egito e por que o povo de Deus foi escravizado?

5. Descreva a importância e o preparo de Moisés como libertador dos hebreus.

6. Quais foram os fatos mais marcantes ocorridos após a saída do povo hebreu do Egito quando estavam no Monte Sinai?

*capítulo dois*

## A religião de Israel

# 02

O acampamento no Monte Sinai teve um propósito. Em menos de um ano, o povo da aliança com Deus se converteu em uma nação (Êxodo, 19: 1-5, Deuteronômio, 4: 7-8). Para Gusso (2003, p. 24), "ainda que em dificuldade no deserto, foi ali que Israel passou a agir como uma nação". Por conseguinte, Day e Smith (2015, p. 23) ressaltam que "Deus precisou ensinar ao Seu povo um modo de vida totalmente novo" (Números, 10: 10).

A instituição de uma aliança estabeleceu um processo didático para ensinar o povo a cultuar a Deus de modo racional e normativo, com o Decálogo e as leis cerimoniais apontando para uma vida santificada, o sacerdócio e a construção do tabernáculo, as festas e ofertas, a celebração em cada estação do ano, enfim. Tudo isso ensinava e capacitava aquela geração de Israel a servir a Deus de maneira eficaz, educação devidamente repassada aos respectivos descendentes.

Portanto, o povo estava finalmente pronto para uma compreensão mais profunda de quem era o Deus de Abraão, Isaque e Jacó e quais eram as implicações a que estava submetida uma verdadeira nação com um verdadeiro Deus. Instituía-se, portanto, a religião do povo de Deus, assunto deste capítulo.

Nesse sentido, Beaumont assinala:

> Depois de estabelecido como povo particular de Deus, Israel agora precisava aprender o que isso significa na prática. Para tanto, Êxodo, Levítico e Deuteronômio se lançam a explicar de que maneira o povo viveria em santidade e, desse modo, seria diferente de todos os outros povos. Embora tratem de aspectos práticos do cotidiano, esses livros se concentram especificamente em como ajudar povo a manter e a desenvolver um relacionamento com Deus. (Beaumont, 2012, p. 30)

Percebemos, assim, que Deus revelou a Israel a forma correta de adorá-Lo. Os israelitas tinham conhecimento de que Deus fizera aliança com Abraão, Isaque e Jacó, mas ainda não haviam desfrutado, na prática, do poder e da intimidade divinos, embora a libertação do cativeiro egípcio fosse fruto desse pacto (Êxodo, 6: 2-9). No Monte Sinai, afinal, o próprio Deus Se revelou ao povo de Israel.

A experiência de Israel e a revelação de Deus naquele acampamento estão registradas desde Êxodo 19 até Levítico 27. As seguintes subdivisões podem nortear considerações ulteriores:

Quadro 2.1 – Deus revela-Se a Israel

| 1. Aliança de Deus com Israel | Êxodo |
|---|---|
| Preparação para o encontro com Deus | 19: 3-25 |
| Os Dez Mandamentos (Decálogo) | 20: 1-17 |
| Ordenanças para Israel | 20: 18 a 23: 33 |
| Ratificação da aliança | 24: 1-8 |

*(continua)*

*(Quadro 2.1 - conclusão)*

| 2. O lugar para a adoração | Êxodo |
|---|---|
| Preparação para sua construção | 24: 10 a 31: 18 |
| Idolatria e juízo | 32: 1 a 34: 35 |
| Construção do tabernáculo | 35: 1 a 40: 38 |
| **3. Instruções para um viver santo** | **Levítico** |
| Ofertas | 1: 1 a 27: 34 |
| Sacerdócio | 8: 1 a 10: 20 |
| Leis de purificação | 11: 1 a 15: 33 |
| O Dia da Expiação | 16: 1-34 |
| Proibição de costumes pagãos | 17: 1 a 18: 30 |
| Leis da santidade | 19: 1 a 22: 33 |
| Festas e estações | 23: 1 a 25: 55 |
| Condições para as bênçãos | 26: 1 a 27: 34 |

## 2.1 A aliança

Após permanecer envolto em cultos idólatras durante o cativeiro egípcio, Israel tornou-se um povo exclusivamente devotado ao único Deus. A mão forte desse Deus interviria de maneira magnífica na história – que, repentinamente, tomaria outro rumo. Deus, no Sinai, manifestou-se a Israel e estabeleceu um pacto para conscientizá-los e assegurá-los de que eram o Seu povo escolhido.

> No terceiro mês da saída dos filhos de Israel da terra do Egito, no primeiro dia desse mês, vieram ao deserto do Sinai [...] Subiu Moisés a Deus, e do monte o Senhor o chamou e lhe disse: Assim falarás à casa de Jacó e anunciarás aos filhos de Israel: Tendes visto o que fiz aos egípcios, como vos levei sobre asas de águia e vos cheguei a mim. Agora, pois,

*se diligentemente ouvirdes a minha voz e guardardes a minha aliança, então, sereis a minha propriedade particular dentro todos os povos.*
(Êxodo, 19: 1,3-5)

Durante três dias, Israel preparou-se no deserto do Sinai para o recebimento dessa aliança. Deus, por meio de Moisés, entregou os Dez Mandamentos ao povo, bem como outras leis e orientações sobre a celebração de festas sagradas. Arão, seus filhos e 70 anciãos foram os líderes dessa cerimônia e o povo ofereceu sacrifícios pacíficos adorando ao Senhor (Êxodo, 19: 15-25).

Na voz de Moisés, o povo ouviu a leitura do livro da aliança, aceitando todos os seus termos (Êxodo, 19: 8). O acordo foi selado com o sangue aspergido sobre o altar e sobre o povo, assegurando-os de que seriam levados à terra de Canaã. A única condição era a obediência; a desobediência, por sua vez, sempre traria grande prejuízo ao povo. Quase 40 anos depois, em Moabe, antes de morrer, Moisés procedeu, em ato público, à renovação de todos os votos da aliança "São estas as palavras da aliança que o Senhor ordenou a Moisés [que] fizesse com os filhos de Israel na terra de Moabe, além da aliança que fizera com eles em Horebe" (Deuteronômio, 29: 1).

## 2.2 Os Dez Mandamentos

Os Dez Mandamentos – o célebre Decálogo – constituem a introdução à aliança. Se, por um lado, diversos deuses eram adorados no Egito, as pragas foram direcionadas contra esses mesmos deuses. Em Canaã, a religião também era politeísta (Gusso, 2003). Israel se destacaria como o **povo de propriedade exclusiva de Deus**, oferecendo culto e devoção somente a Ele – o Deus de Israel; portanto, diante disso, a idolatria seria considerada pecado grave contra Deus.

As primeiras tábuas da Lei foram entregues a Moisés escritas diretamente pelas mãos de Deus. Moisés, contudo, quebrou-as em um momento de ira ante a ingratidão do povo, quando o encontrou cultuando um bezerro de ouro, uma divindade pagã – uma autêntica afronta ao Deus de Israel.

A ira divina foi aplacada pela intercessão de Moisés; Deus perdoou o povo e lhe deu nova chance, ditando a Moisés as palavras do Decálogo a serem escritas em novas tábuas.

> Escreverei nas duas tábuas as palavras que estavam nas primeiras que quebraste, e as porás na arca. Assim, fiz uma arca de madeira de acácia, lavrei duas tábuas de pedra, como as primeiras, e subi ao monte com as duas tábuas na mão. Então, escreveu o Senhor nas tábuas, segundo a primeira escritura, os dez mandamentos que ele vos falara no dia da congregação, no monte, no meio do fogo; e o Senhor mas deu a mim. (Deuteronômio, 10: 2-4)

Beaumont esmiúça:

> As duas tábuas de pedra eram, na verdade, duas cópias da mesma lei, e não duas partes com cinco mandamentos cada, como a maioria das pessoas geralmente imagina. Normalmente, cada participante de uma aliança ficava com uma cópia. Contudo, uma vez que esta aliança foi proposta totalmente por Deus, ambas as cópias ficavam guardadas na 'arca da aliança' no Tabernáculo. (Beaumont, 2012, p. 29)

De fato, Deus reescreveu o Decálogo sobre tais tábuas, posteriormente colocadas na arca da aliança, pois foram consideradas um guia de como viver de maneira a agradar a Deus.

## 2.3 As leis para um viver santo

Com o objetivo de nortear a conduta dos israelitas como povo de Deus em uma vida santificada, as leis e os princípios morais foram expandidos para abranger todas as áreas da vida (Êxodo, 20 a 24; Levítico, 11 a 26). Obedecendo a essas leis civis, cerimoniais e morais, os israelitas se distinguiam dos outros povos (Day; Smith, 2015).

Questões como casamento entre irmãos, por exemplo, tornaram-se proibidas a partir de então e outras práticas foram normatizadas. As ordenanças quanto à purificação após o nascimento de crianças, bem como as punições quanto à prostituição, à perversão sexual, a restrição a alimentos impuros e ao sacrifício de crianças, o total abandono dos costumes egípcios, da idolatria e de outros rituais religiosos de origem pagã constituíram o diferencial do povo escolhido por Deus.

Concomitantemente, por outro lado, em uma perspectiva social, Deus estabeleceu leis e costumes que propiciavam uma sociedade mais **justa** (Gerone Junior, 2015).

Os israelitas viveram conservando as memórias do tempo da escravidão, sendo assim instruídos a uma vida de prática de justiça e misericórdia, como deixar algo para os necessitados no tempo das colheitas, honrar os idosos e desenvolver relações humanas balizadas por princípios éticos.

A lei moral era permanente, mas as leis civis e religiosas eram transitórias (Levítico, 17; Deuteronômio, 12: 20-24).

## 2.4 O tabernáculo

De acordo com Day e Smith (2015, p. 27):

> Em sua peregrinação pelo deserto, os israelitas transportavam consigo uma tenda desmontável, referida como a "Tenda Sagrada" ou "Tabernáculo" (Números 11.16). Essa tenda, erguida sempre no meio do acampamento, era uma área cercada por cortinas penduradas em postes de madeira. A Tenda Sagrada possuía duas partes: uma área maior chamada "Lugar Santo", onde ficavam o altar do incenso, o candelabro de ouro e a mesa dos pães sagrados, e uma menor, chamada "Lugar Santíssimo", onde ficava a arca da aliança. Somente o sumo sacerdote estava autorizado a entrar nesta última área, e apenas uma vez por ano, no Dia do Perdão. Em frente à Tenda Sagrada havia uma pia (para o ritual de purificação) e um altar (onde eram realizados os sacrifícios).

Por uma questão pedagógica e didática, Deus orientou o povo para que erigisse sempre um altar aonde fosse, a fim de demarcar algum episódio da presença de Deus em livramentos e vitórias recebidas, além de altares que lembrassem a unidade das 12 tribos de Israel (Êxodo, 24: 1-11).

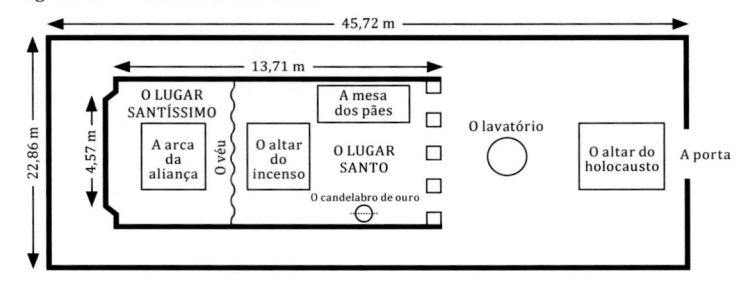

Figura 2.1 – Planta do tabernáculo

Fonte: Ministério Casa do Pai, 2017.

A construção do tabernáculo para receber a presença de Deus e Suas revelações foi outra maneira didática para lembrar que Deus habitava em meio ao Seu povo (Êxodo, 25: 8). Enquanto no Egito havia vários templos para várias divindades, em Israel haveria um só lugar de adoração para o único Deus.

Nesse sentido, o *Manual Bíblico SBB* (SBB, 2008, p. 176) destaca que "o Senhor de fato tinha vindo para habitar entre seu povo. Este é o significado maior do Tabernáculo". Em contraste com a proliferação de templos no Egito, Israel tinha um único santuário.

Os cuidados com cada detalhe dessa construção (Êxodo, 25: 40) demonstram a importância e a reverência que o povo guardava em relação à presença de Deus. Pessoas foram designadas exclusivamente para cuidar da beleza do tabernáculo e entendiam que era Deus quem as capacitava, casos de Bezaleel, de Judá, e Aoliabe, de Dã (Êxodo, 31 a 36).

O pátio do tabernáculo era chamado *átrio* e "tinha quarenta e quatro metros de comprimento por vinte e dois de largura" (Êxodo, 27: 18 – Bíblia, 2005). Esse átrio abrigava o altar do sacrifício (Êxodo, 27: 1-8; 38: 1-7), que media três metros quadrados e quase dois metros de altura. Com detalhes de chifres e argolas, o altar era feito de madeira de acácia e bronze, portátil e equipado com degraus.

Ainda havia a pia de bronze (Êxodo, 30: 17-23; 38: 8; 40: 30), onde os sacerdotes se purificavam para o ofício conforme os relatos bíblicos: "Pôs a bacia entre a tenda da congregação e o altar e a encheu de água, para se lavar" (Êxodo, 40: 30); "Fez também a bacia de bronze, com o seu suporte de bronze, dos espelhos das mulheres que se reuniam para ministrar à porta da tenda da congregação" (Êxodo, 38: 8).

Na metade ocidental do átrio, figurava o tabernáculo propriamente dito. Com 13,7 m de longitude e 4,8 m de largura, dividia-se em duas partes (Beaumont, 2012, p. 30). A única entrada aberta para o Oriente, que dava acesso ao lugar santo, tinha 9 m de largura e era acessível aos sacerdotes. Além do véu, estava o lugar santíssimo (4,5 m × 4,5 m), onde o sumo sacerdote tinha permissão para entrar no Dia da Expiação.

Figura 2.2 – Tabernáculo: visão externa e interna

A *tenda sagrada*, como era chamado o tabernáculo, era construída com tábuas de 4,5 m de altura e cerca de 70 cm de largura – ao todo, 48 tábuas: 8 no extremo ocidental e 20 de cada lado. A madeira era acácia revestida em ouro (Êxodo, 26: 1-37; 36: 20-38), com encaixes de prata apoiados em barras. Uma cortina de linho fino torcido com figuras de querubins, nas cores azul, púrpura e carmesim, formava o teto.

Externamente, havia uma coberta feita com pelos finos de cabra, duas feitas de pelos de carneiro e, por fim, outra, feita de pelos de texugo, para proteger as três primeiras.

A entrada do lugar santo e nos lados ocidental e oriental do tabernáculo era adornada com dois véus feitos do mesmo material da primeira cortina. A mobília do lugar santo consistia na mesa dos pães da proposição, feita de acácia recoberta de ouro, no candelabro de ouro e no altar do incenso (altar de ouro). Um véu separava o lugar santo e o lugar santíssimo.

Os detalhes da arquitetura artesanal incluíam uma moldura de quatro dedos ao redor, um bordado de ouro também ao redor e argolas de ouro pelas quais passavam as hastes para o transporte (Êxodo, 25: 23-30; 37: 10-16). Pratos, colheres e tigelas, tudo em ouro puro, compunham igualmente o aparato litúrgico. Aos sábados, eram colocados à mesa 12 pães para a proposição, comidos por Arão e seus filhos (Levítico, 24: 5-9).

Em Êxodo, 25: 31-39 e 37: 17-24, lemos que o candelabro de ouro puro era trabalhado em cinzel em sua base e seu pé. O pedestal tinha seis braços, três de cada lado, esculpidos em botões e flores, e copos em forma de amêndoas. Eram três braços e três copos de cada lado e um copo central, todos de ouro puro. Diariamente, à tarde, os sacerdotes abasteciam e acendiam as lâmpadas com azeite, assim ficando durante toda a noite.

*Ordenarás aos filhos de Israel que te tragam azeite puro de oliveira, batido, para o candelabro, para que haja lâmpada acesa continuamente. Na tenda da congregação fora do véu, que está diante do Testemunho, Arão e seus filhos a conservarão em ordem, desde a tarde até pela manhã, perante o Senhor, estatuto perpétuo será este a favor dos filhos de Israel pelas suas gerações.* (Êxodo, 27: 20-21)

O altar de ouro media quase 1,5 m de altura, era feito de acácia revestida de ouro e com argolas em suas bordas, pelas quais passavam as varas quando transportado (Êxodo, 30: 1-10).

O objeto mais sagrado em Israel era a arca da aliança, ou testemunho. Apenas ela ficava no lugar santíssimo – e nada mais. Feita em madeira de acácia revestida de outro puro por dentro e por fora, media 1,15 m de comprimento e 70 cm de largura (Êxodo, 25: 10-22; 37: 1-9), com argolas de ouro em cada lado para poder ser transportada por meio de varas. O propiciatório era a coberta da arca, em cuja tampa havia dois querubins de ouro, um de frente para o outro. Esse ambiente representava a presença de Deus.

Figura 2.3 – Arca da aliança

James Steidl/Shutterstock

Entre os querubins, nada era o símbolo do Deus de Israel, pois, diferentemente dos cultos pagãos, na fé israelita não havia imagem de Deus.

O lugar do encontro do homem com Deus era o propiciatório, onde Deus falava ao homem e este ouvia; sobre a frente do propiciatório, o sumo sacerdote aspergia sobre a nação, no Dia da Expiação, o sangue do sacrifício (Êxodo, 30: 6; Êxodo, 25: 22; Levítico, 16: 14; Números, 7: 89). O *Manual Bíblico SBB* (SBB, 2008, p. 178) ressalta que, "bem no centro dessa religião teocêntrica ou dirigida pela vontade de Deus, estava a Arca". A Lei de Deus proibia claramente fazer qualquer imagem ou semelhança de Deus.

A arca da aliança abrigava as tábuas da Lei, o maná e a vara de Arão que floresceu (Êxodo, 25: 21-22; 31; 38; Deuteronômio, 10: 3-5; Êxodo, 16: 32-34; Números, 17: 10). Antes que Israel entrasse em

Canaã, o livro da Lei foi colocado perto da arca (Deuteronômio, 31: 26). Tem-se ainda:

> *Assim, fiz uma arca de madeira de acácia, lavrei duas tábuas de pedra, como as primeiras, e subi ao monte com as duas tábuas na mão. Então, escreveu o Senhor nas tábuas, segundo a primeira escritura, os dez mandamentos que ele vos falara no dia da congregação, no monte, no meio do fogo; e o Senhor mas deu a mim. Virei-me, e desci do monte, e pus as tábuas na arca que eu fizera; e ali estão, como o Senhor me ordenou.*
> (Deuteronômio, 10: 3-5)

## 2.5 O sacerdócio

Antes do tempo de Moisés, não se menciona a figura do sacerdote. À exceção da referência a Melquisedeque como sacerdote do Deus Altíssimo em Gênesis, 14: 18, não se fala no ofício sacerdotal. Quem representava o povo diante de Deus, na entrega das ofertas, era o chefe da família.

**Saiba mais**
Essa é a única aparição do misterioso sacerdote/rei de Salém (provavelmente Jerusalém; o nome significa "paz"). A autoridade de Melquisedeque (1/10 – o dízimo – era parte de Deus, de modo que Abrão trata este homem como representante de Deus), a falta de informação de ancestrais e descendentes (extremamente importante para qualquer homem que reivindicasse realeza ou status sacerdotal) e seu papel duplo de sacerdote/rei levaram autores posteriores a considerá-lo um prenúncio do Messias.

*Fonte: SBB, 2008, p. 130.*

A partir da libertação do cativeiro egípcio, vêm à tona a figura e o ofício de sacerdote, ganhando importância significativa. De forma bem prática, o *Manual Bíblico SBB* (SBB, 2008, p. 185) destaca que tais sacerdotes eram "especialistas em religião, responsáveis pelo bom relacionamento entre Deus e o povo (Êxodo 19: 6)".

A vontade de Deus era que Israel fosse uma **nação santa**; para cuidar disso com excelência, escolheu Arão como sumo sacerdote e seus quatro filhos – Nabade, Abiú, Eleazar e Itamar – para o auxiliarem. Nabade e Abiú, todavia, foram castigados posteriormente por trazerem fogo estranho ao interior do tabernáculo (Levítico, 8: 10; Números, 10: 2-4).

Beaumont (2012, p. 21) observa que, em caso de morte desses homens, "somente os seus descendentes estavam autorizados a sucedê-los neste ofício".Outra determinação de Deus, após a libertação do cativeiro, foi a escolha do **primogênito** de toda família para pertencer ao Senhor.

Conforme assinalam Day e Smith (2015, p. 23), o livro de Levítico "era o manual dos sacerdotes israelitas", cujas funções eram ali descritas. Sua principal função era mediar o relacionamento entre Deus e o homem, ou seja, eram "intermediários entre o pecador e o Deus santo" (Beaumont, 2012, p. 31). De acordo com as prescrições do livro, eles conduziriam o povo à expiação dos pecados e ao oferecimento do culto agradável a Deus (Êxodo, 28: 1-43; Levítico, 16: 1-34).

O entendimento da vontade de Deus para a nação era a mais solene necessidade (Números, 27: 21; Deuteronômio, 33: 8). Entre suas obrigações, tinham de instruir os neófitos e assumir toda a administração do tabernáculo; aos levitas, cabia auxiliar os sacerdotes em suas atividades religiosas.

Um **viver santo** também era pré-requisito para o ofício (Levítico, 21: 1 a 22: 10). Eles deveriam ser exemplos de conduta, mostrando cuidado especial nas questões de casamento e família."Vós me sereis reino de sacerdotes e nação santa. São estas as palavras que falarás aos filhos de Israel" (Êxodo, 19: 6).

Restrições quanto ao contato com certos tipos de mulheres acarretavam a exclusão permanente do serviço sacerdotal. O não cumprimento do ritual de purificação da lepra e os contatos proibidos (cadáveres, animais impuros etc.) constituíam fatores de impedimento temporário ao exercício do ministério sacerdotal. Profanação de coisas santas, prática de rituais pagãos e contaminações deveriam ser radicalmente proibidas e evitadas pelos sacerdotes. Para o sumo sacerdote, as restrições eram ainda mais severas (Levítico, 21: 1-15).

Os ornamentos das **vestes sacerdotais** indicavam a santidade peculiar aos sacerdotes. Eram peças do vestuário e ornamentos feitos com material rigorosamente escolhido e de finíssimo acabamento artístico. Essa indumentária e seus enfeites ressaltavam a dignidade e a beleza do sacerdote, possibilitando didaticamente "transmitir a ideia de santidade vinculada a essa função" (Beaumont, 2012, p. 31). Eis o relato bíblico correspondente:

> *Faze-lhes também calções de linho, para cobrirem a pele nua; irão da cintura às coxas. E estarão sobre Arão e sobre seus filhos, quando entrarem na tenda da congregação ou quando se chegarem ao altar para ministrar no santuário, para que não levem iniquidade e morram; isto será estatuto perpétuo para ele e para sua posteridade depois dele.*
> (Êxodo, 28: 42-43)

Uma túnica comprida até quase os pés e sem costura, o cinto acima da túnica e calções, tudo feito de linho fino, eram importantes peças do vestuário sacerdotal. Segundo Êxodo, 39: 29, o trabalho com o azul, a púrpura e o carmesim era feito no linho branco torcido do cinto, com detalhes de bordado, à semelhança dos materiais e cores utilizados no véu e nos ornamentos do tabernáculo. O manto comprido do sacerdote culminava em uma mitra. Por baixo da túnica, ele devia usar os calções de linho fino ao entrar no santuário (Êxodo, 28: 42).

A distinção do sumo sacerdote era por meio dos ornamentos adicionais: uma túnica bordada, um éfode, um peitoral e uma mitra para a cabeça (Êxodo, 28: 4-39). As vestes, que se estendiam desde o pescoço até abaixo dos joelhos, eram azuis e lisas, exceto pelas campainhas e romãs estampadas nas bordas. Especial importância tinham as campainhas, feitas de ouro, desenhadas para conduzir a congregação que aguardava, a qualquer momento, o sumo sacerdote entrar no lugar santíssimo, no Dia da Expiação.

O éfode consistia em duas peças de ouro, unidas entre si por fitas. Sobre cada peça, o sumo sacerdote vestia uma pedra preciosa com os nomes de seis tribos gravadas pela ordem de seu nascimento. Para que a conta fosse exata, os levitas eram omitidos, uma vez que eram contados com os sacerdotes. Dessa forma, o sumo sacerdote representava todas as 12 tribos da nação de Israel em seu ministério de mediar o relacionamento entre Deus e os homens. O éfode era adornado por duas bordas douradas e duas correntes de ouro puro.

No peitoral, semelhante a um grande bolso quadrado, de 25 cm, estava o mais misterioso, luxuoso e magnífico complemento da indumentária do sumo sacerdote: o Urim e o Tumim.

A figura a seguir ilustra como se vestiam os sacerdotes e o sumo sacerdote nos tempos bíblicos:

Figura 2.4 – Vestimentas sacerdotais

Sacerdote    Sumo sacerdote

ArtMari/Shutterstock

Correntinhas de ouro puro trançado uniam o peitoral ao éfode no ombro. A parte de trás estava amarrada com um cordão azul ao lado da cintura. Era todo de pedras preciosas com os nomes das tribos gravados, montadas em ouro sobre a lâmina peitoral, que serviam como uma lembrança visível de que o sacerdote era o representante legal da nação perante Deus.

Termos que significavam, respectivamente, "luzes" e "perfeição", o *Urim* e o *Tumim* eram pedras colocadas sobre uma lâmina no peito, "utilizadas para buscar a vontade de Deus" (Beaumont, 2012, p. 31). Pouco se sabe a respeito de sua função ou do modo de utilização e consulta prescrito pelo sacerdote oficiante; verdade incontestável, contudo, é que eram aparatos que proviam um meio de decifrar a vontade divina. "Também porá no peitoral do juízo o Urim e o Tumim, para que estejam sobre o coração de

Arão, quando entrar perante o Senhor; assim, Arão levará o juízo dos filhos de Israel sobre o seu coração diante do Senhor continuamente" (Êxodo, 28: 30).

A vestidura da cabeça, ou turbante do sumo sacerdote, também tinha significado. Uma lâmina de ouro puro por toda a testa sobre a qual estava escrito "Santidade ao Senhor"constituía uma permanente lembrança de que a essência da natureza de Deus é a santidade.

Por meio de um processo expiatório, o sumo sacerdote apresentava seu povo como *povo santo* diante de Deus. Dessa forma, as instruções contidas em Levítico – o autêntico manual para o sacerdócio – podem ser consideradas "um roteiro para uma vida de santidade" (Day; Smith, 2015, p. 23). Com os ornamentos sagrados, tanto o sumo sacerdote quanto os sacerdotes ordinários revelavam, além da glória desse ministério de mediação entre Deus e Israel, a beleza inerente ao culto, às misturas dos tecidos, aos conjuntos das cores e à ornamentação do santuário.

Em uma bela **cerimônia de consagração**, liturgicamente muito bem elaborada, os sacerdotes eram separados para seu ministério (Êxodo, 29: 1-37; 40: 12-15; Levítico, 8: 1-36). Arão e seus filhos, após uma lavagem com água, eram vestidos com os ornamentos sacerdotais e ungidos com óleo. Com Moisés na condição de oficiante, oferecia-se um boi jovem como oferta pelo pecado, de Arão e seus filhos, e para a purificação do altar e dos pecados relacionados à execução de seu serviço. Em seguida, no ritual habitual, sacrificava-se um carneiro. Os demais animais eram apresentados como oferta pacífica em outra cerimônia. Em cada sacerdote, Moisés aplicava o sangue no dedo polegar da mão direita, no dedo polegar do pé direito e na orelha direita, depois pegava "a gordura, a cauda, e toda a gordura que está na fissura, e o redenho do fígado, e ambos os rins, e a sua gordura e a coxa direita" (Levítico, 8: 25) para, então, apresentá-los a Arão e seus filhos, os quais, apanhando esses elementos, faziam certos movimentos e sinais antes de consumi-los em holocausto. Após ser apresentado como oferta, o peito era fervido e servido a Moisés e aos sacerdotes para ser comido. Porém, antes da comida sacrificial, Moisés aspergia sangue e o azeite da unção sobre os sacerdotes e suas vestes.

Repetia-se essa cerimônia a cada sete dias sucessivos para a santificação dos sacerdotes e de seu ministério no tabernáculo – e, assim, todo o povo conscientizava-se da santidade de Deus quando trazia suas ofertas aos sacerdotes.

## 2.6 As ofertas

As instruções dadas a Moisés no Monte Sinai e as leis sacrificiais não marcaram o início desse costume – prática que, na realidade, já existia, conforme os registros sobre Caim e Abel, Noé e os patriarcas. Quando apelou ao faraó pela saída do povo do Egito, Moisés havia antecipado as ofertas e os sacrifícios, entregues antes da partida (Êxodo, 5: 1-3, 18: 12; 24: 5).

Ressalte-se também o seguinte: "Embora os sacrifícios fossem comuns em muitas religiões, sempre foram considerados oferta do indivíduo aos deuses. Em Israel, entretanto, o sacrifício era percebido como oferta de Deus ao seu povo (Levítico 17: 11)" (Beaumont, 2012, p. 31).

Israel, agora, era uma **nação livre** e em aliança com seu Deus. As instruções foram dadas especificando as várias classes de oferta. Assim, os israelitas tinham uma liturgia de como servir a Deus de modo aceitável (Levítico, 1: 1-17). O *Manual Bíblico SBB* (SBB, 2008, p. 182) destaca que "oferecer sacrifícios era o aspecto central do culto no AT, e todas as pessoas daquele tempo sabiam do que se tratava".

Beaumont (2012) elenca as ofertas acompanhadas da aspersão do sangue: a oferta pacífica, a oferta pela expiação da culpa, a oferta que deveria ser queimada, a oferta de manjares e a oferta pelo pecado. Eram considerados aceitáveis para o sacrifício os animais sem manchas e cuja carne pudesse ser comida – cabras, bois, vacas e cordeiros, por exemplo. Aos pobres, era permitida a oferta de pombinhos e rolas.

Eis algumas **regras** para a realização do sacrifício:

- O animal era apresentado no altar.
- O ofertante punha sua mão sobre a cabeça do animal.
- O animal era morto.
- O sangue era aspergido sobre o altar.
- O sacrifício era queimado.

Os sacrifícios oferecidos pela nação eram oficiados pelo sacerdote. Quando alguém sacrificava por si, a própria pessoa levava o animal, colocava sobre ele sua mão e o matava; somente então o sacerdote aspergia o sangue e queimava o sacrifício.

A carne desse sacrifício não poderia ser comida pelo ofertante, exceto em caso de oferta pacífica. Quando vários sacrifícios eram oferecidos ao mesmo tempo, o holocausto e a oferta pacífica eram apresentados somente após a oferta pelo pecado.

Descrevendo a terra que o povo de Israel conquistaria, a Bíblia apresenta a seguinte ordem divina:

> A esse lugar fareis chegar os vossos holocaustos, e os vossos sacrifícios, e os vossos dízimos, e a oferta das vossas mãos, e as ofertas votivas, e as ofertas voluntárias, e os primogênitos das vossas vacas e das vossas

ovelhas. *Lá, comereis perante o Senhor, vosso Deus, e vos alegrareis em tudo o que fizerdes, vós e as vossas casas, no que vos tiver abençoado o Senhor, vosso Deus.* (Deuteronômio, 12: 6-7)

## 2.6.1 Holocausto

A principal característica do holocausto consiste no fato de que o sacrifício era todo consumido sobre o altar (Levítico, 1: 5-17; 6: 8-13), incluindo a expiação, que fazia parte dos sacrifícios de sangue.

A consagração completa do ofertante a Deus acontecia quando da total consumação do sacrifício. Israel tinha o compromisso de manter o fogo aceso dia e noite sobre o altar de bronze. A cada manhã e a cada tarde, um cordeiro era oferecido a Deus, fixando na memória do povo a devoção de Israel a Deus (Êxodo, 29: 38-42; Números, 28: 3-8). Talvez Paulo fizesse referência a essa oferta em seu chamamento para a completa consagração ao declarar: "Rogo-vos, pois, irmãos, pelas misericórdias de Deus, que apresenteis o vosso corpo por sacrifício vivo, santo e agradável a Deus, que é o vosso culto racional" (Romanos 12: 1).

## 2.6.2 Oferta pacífica

Ainda que a expiação e a representação estivessem nela incluídas, a principal característica dessa oferta inteiramente voluntária era a comida sacrificial (Levítico, 3: 1-17; 7: 11-34; 19: 5-8; 22: 1-25). Esse ritual representava a comunicação e a amizade entre o "indivíduo e Deus e entre o indivíduo e seus semelhantes" (Beaumont, 2012, p. 31). À família e aos amigos do ofertante, era permitido unir-se a ele para a comida sacrificial (Deuteronômio, 12: 6, 7, 17, 18). Por se tratar de um sacrifício voluntário, qualquer animal, exceto ave, era aceito, sem exigências quanto à idade e ao sexo.

Após a morte do animal e a aspersão do sangue para a expiação dos pecados, a gordura era queimada sobre o altar. Por meio do ritual dos movimentos das mãos do ofertante mexendo a coxa e o peito, o sacerdote oficiante dedicava tais partes a Deus, e o que sobrava da oferta deveria ser consumido pelo ofertante, por sua família e seus amigos. Esse momento de júbilo significava a amizade entre Deus e o homem.

A narrativa em Levítico, 7: 11-19 indica as **classes** das ofertas pacíficas conforme a motivação do ofertante:

- O sacrifício oferecido em reconhecimento por uma bênção imerecida ou inesperada intitulava-se *oferta de ação de graças*.
- Quando se tratava do pagamento de um voto ou uma promessa, denominava-se *oferta votiva*.
- Se o motivo era uma expressão de amor a Deus, chamava-se *oferta voluntária*.

Essas ofertas eram acompanhadas por uma refeição, denominada *comida sacrificial*, preestabelecida e com duração predeterminada. A oferta de agradecimento durava um dia, as outras, dois – e seguia-se a ordem de que tudo o que sobrasse deveria ser consumido pelo fogo ao terceiro dia. O israelita, assim, sentia na prática o prazer de seu relacionamento com Deus.

## 2.6.3 Oferta pelo pecado

Os pecados cometidos por ignorância – ou "pecados não intencionais" (Beaumont, 2012, p. 31) – também requeriam oferta (Levítico, 4: 1-35; 6: 24-30). A punição por violação ou negação de uma ordem sagrada poderia ser revogada por um sacrifício específico previamente determinado. Deus tinha um padrão de moralidade, mas a oferta variava conforme o grau de **culpabilidade** da pessoa. Ninguém era tão importante a ponto de seu pecado precisar ser maior para o desqualificar, bem como ninguém era tão insignificante a ponto de seu pecado passar despercebido. Havia uma graduação na modalidade das ofertas requeridas: o sacerdote oferecia um bezerro; o governante, um bode; o cidadão comum, por sua vez, uma cabra.

O ritual também variava: quando era para o sacerdote ou para a congregação, o sangue era aspergido sete vezes à entrada do lugar santíssimo; quando se tratava de governante e do laico, era aplicado sangue nas pontas do altar. Em se tratando de uma oferta de expiação, a parte culpada não gozava do direito de comer da carne do animal; o sacrifício tinha de ser totalmente consumido sobre o altar ou queimado fora do arraial. Contudo, obedecia-se a uma observação: o sacerdote ficaria com uma porção quando oferecesse o sacrifício em nome do governante.

A oferta pelo pecado era exigida também no caso de pecados específicos: recusar-se a testemunhar; profanar um cerimonial; fazer juramento falso (Levítico, 5: 1-13). Além disso, se uma pessoa pecasse por ignorância, ao fazer a expiação, a culpa era perdoada, quer fosse filho de Israel, quer fosse estrangeiro. Caso perpetrasse algum mal atrevida e conscientemente, essa pessoa, natural ou estrangeira deveria ser eliminada do meio do povo (Números, 15: 27-31). Ademais, todo e qualquer pecador arrependido era passível de perdão pela expiação, independentemente da condição econômica. Em casos de extrema pobreza, aliás, era acrescida uma porção de farinha na oferta, equivalente a uma refeição diária, garantindo ao pecador sua aceitação por parte de Deus. A Bíblia assinala:

*E, cumpridos os dias da sua purificação por filho ou filha, trará ao sacerdote um cordeiro de um ano, por holocausto, e um pombinho ou uma rola, por oferta pelo pecado, à porta da tenda da congregação; o sacerdote o oferecerá perante o Senhor e, pela mulher, fará expiação; e ela será purificada do fluxo do seu sangue; esta é a lei da que der à luz menino ou menina. Mas, se as suas posses não lhe permitirem trazer um cordeiro, tomará, então, duas rolas ou dois pombinhos, um para o holocausto e o outro para a oferta pelo pecado; assim, o sacerdote fará expiação pela mulher, e será limpa.* (Levítico, 12: 6-8)

Outros casos que requeriam a oferta pelo pecado podem ser conferidos em Levítico, 14: 19-31; 15: 25-30 e Números, 6: 10-14.

## 2.6.4 Oferta de expiação

A situação econômica de uma pessoa era levada em consideração ao requerer a oferta pela transgressão (Levítico, 5: 6-16; 7: 1-10); no entanto, era requerido um quinto das dívidas em questão e o ofensor sacrificava um carneiro, a fim de lembrar o preço do pecado.

Quando o pecado era cometido contra um amigo, era preciso pagar o quinto. Se o pagamento pela reparação não pudesse ser feito ao amigo ofendido ou a um parente próximo, então pagava-se ao sacerdote (Números, 5: 5-10). Infringir o direito de outra pessoa era uma grande ofensa a Deus, evocando a necessidade do sacrifício.

## 2.6.5 Oferta de cereal

Não requeria a vida de um animal, consistindo meramente na oferta de produtos da terra, representando os frutos do trabalho do homem (Levítico, 2: 1-16; 6: 14-23). Poderia ser de diferentes formas, sempre acompanhada de incenso e sal e misturada com azeite, mas sem fermento e mel. Em se tratando da oferta dos primeiros frutos, as espigas de novos grãos eram tostadas ao fogo. Após moídos, os grãos eram apresentados ao sacerdote em forma de farinha, como pão sem fermento, em tortas ou, ainda, em um preparo em forma de folhas, feito no forno.

Uma parte dessa oferta era acompanhada de vinho na quantidade proporcional para a libação (Êxodo, 29: 40; Levítico, 23: 13; Números, 15: 5-10). A oferta de cereal nunca era levada sozinha e era totalmente consumida quando oferecida pelo sacerdote à congregação. Em se tratando de uma oferta individual, o oficiante apresentava somente um punhado perante o altar de sacrifício, e o restante era guardado para o tabernáculo. Por meio dessa oferta, o povo apresentava a Deus os frutos de seus trabalhos, significando dedicação e gratidão a Deus.

## 2.7 Festas e estações

Nas celebrações das festas e estações, os israelitas lembravam que eram o povo de Deus, como bem afirma McMurtry (2012, p. 4): "Deus entregou as festas para a nação de Israel, e lida com ela diferentemente das outras nações". Assim, pela aliança feita com Israel, ratificada no Monte Sinai, a fiel observância desses períodos era parte importante do acordo estabelecido.

O autor ainda pontua: "Cada festa, convocação, ou tempo determinado, comemora um evento específico do passado, e também pode prever um evento específico no futuro" (McMurtry, 2012, p.10). Vejamos, a seguir, algumas dessas festas.

## 2.7.1 Sabbath

A observância do Sabbath era de suma importância. Diferentemente de todos os demais dias, o sábado era sagrado, um dia de repouso, dedicado ao Senhor (Êxodo, 16: 23-30) – mencionado até mesmo no próprio Decálogo entre os mandamentos (Êxodo, 20: 8-11), com especial deferência.

Os israelitas tinham de se lembrar do santo sábado, o **dia do descanso**; por isso, ao "guardar" o sábado, eles evocavam o fato de que Deus descansou neste que correspondia ao sétimo dia de Sua obra criativa – e, portanto, era o Dia do Senhor (McMurtry, 2012). A guarda do sábado era também uma lembrança de que Deus havia libertado Israel do Egito, santificando-o como Seu povo e cravando o sábado como um sinal entre Ele e Seu povo (Êxodo, 31: 13; Deuteronômio, 5: 12-15).

Enfim livre da escravidão, Israel tinha um dia da semana para dedicar ao Senhor, algo impossível no Egito. Doravante, eles teriam esse dia como santo, a ser guardado até por seus servos. "Quebrar" ou profanar o sábado era motivo de castigo extremo (Êxodo, 32: 2-3; Números, 15: 32-26). O *Manual Bíblico SBB* (SBB, 2008, p.191) lembra que "as leis do sábado passaram a ser rigorosamente observadas depois do exílio (Jesus e seus discípulos tiveram problemas em relação a isso)". O sacrifício diário, por exemplo, era de um cordeiro, mas, no sábado, era de dois cordeiros (Números, 28: 9-19). Ainda eram assados 12 pães, postos sobre a mesa de ouro puro no lugar santo (Levítico, 24: 5-8).

## 2.7.2 Lua nova e a Festa das Trombetas

O início de um novo mês era proclamado oficialmente ao som das trombetas (Números, 10: 10) e, em cada começo de mês, eram sacrificados novilhos e um cordeiro ao Senhor (Números, 28: 11-15), ao passo que o sétimo mês, o Dia da Expiação e a Festa das Semanas marcavam o ponto alto das comemorações e o fim do ano (Êxodo, 34: 22).

O primeiro dia do mês da lua nova, quando ocorria a Festa das Trombetas, era a época em que se ofereciam sacrifícios ao Senhor além do normal (Levítico, 23: 23-25; Números, 29: 1-6). Era, pois, o início do ano.

## 2.7.3 Ano sabático

Intimamente atrelado ao sábado, o ano sabático tratava-se de um dos deveres que os israelitas assumiram em relação à terra quando passaram a morar em Canaã (Êxodo, 23: 10-11; Levítico, 25: 1-7). Gerone Junior (2015, p. 21) lembra que o "ano sabático provia a possibilidade do descanso da terra e, ao mesmo tempo, proporcionava liberdade aos escravos e endividados" (Levítico, 25: 1-7).

Era um **ano de descanso** para a terra: a cada sete anos, os campos eram cultivados, os grãos não eram semeados e as vinhas não eram podadas. Tudo o que fosse colhido nesse ano deveria ser partilhado pelos proprietários com os servos, os estrangeiros e até os visitantes.

Na questão econômica, as dívidas dos seis anos anteriores eram canceladas (Deuteronômio, 15: 1-11). Pelo fato de os escravos serem libertados a cada seis anos, provavelmente também era o ano de sua emancipação (Êxodo, 21; 2-6; Deuteronômio, 15: 12-18). Assim, os israelitas recordavam sua libertação da escravidão no Egito.

As instruções que Deus dera a Moisés previam, igualmente, a leitura pública da Lei (Deuteronômio, 31: 10-13). Assim, o ano sabático tinha significação especial para jovens, velhos, senhores e servos.

## 2.7.4 Ano do jubileu

Passado o ano sabático, chegava o ano do jubileu. Era anunciado pelo clangor das trombetas no décimo dia do sétimo mês do quinquagésimo ano. O quinquagésimo ano era o ano do jubileu, de acordo com as instruções que o Senhor deu a Moisés em Levítico, 25: 8-55. Era o **ano da liberdade**, no qual os direitos eram observados e as perdas, corrigidas – a herança de família, por exemplo, era restaurada àqueles que tiveram a desventura de perdê-la. Escravos eram libertados e a terra descansava. Gerone Junior (2015, p. 21) lembra que o ano do jubileu "determinava que a cada cinquenta anos houvesse um recomeço social".

Os israelitas reconheciam Deus como o legítimo dono da terra e, por isso, a terra era guardada pelas famílias e repassada a cada geração. Em caso de necessidade, poderiam vender apenas os direitos aos produtos da terra.

Pelo fato de que, a cada 50 anos, a terra retornava ao proprietário original, o valor de venda estava diretamente relacionado ao tempo que antecedia o ano do jubileu. Durante esse período, a terra estava sujeita à rendição por parte do proprietário ou de um parente próximo a qualquer momento. As casas construídas em cidades muradas pertenciam perpetuamente ao comprador. Já nas cidades levíticas, as casas pertenciam de forma perpétua aos próprios levitas, pois não estavam circunscritas aos princípios do ano do jubileu (Levítico, 25: 32-33).

Escravos eram libertados durante esse ano, independentemente do tempo durante o qual foram escravos. Seis anos era o período máximo de escravidão para qualquer escravo hebreu: "Se comprares um escravo hebreu, seis anos servirá; mas, ao sétimo, sairá forro, de graça" (Êxodo, 21: 2). Quem matasse um escravo por crueldade seria punido (Êxodo, 21: 20-21); caso o escravo sobrevivesse, o senhor estava livre da punição. Em caso de maus-tratos evidentes, o escravo poderia reclamar sua liberdade (Êxodo, 21: 23-27).

"Seis anos semearás a tua terra e recolherás os seus frutos; porém, no sétimo ano, a deixarás descansar e não a cultivarás, para que os pobres do teu povo achem o que comer, e do sobejo comam os animais do campo. Assim farás com a tua vinha e com o teu olival" (Êxodo, 23: 10-11). "Se alguém ferir o olho do seu escravo ou o olho da sua escrava e o inutilizar, deixá-lo-á ir forro pelo seu olho. E, se com violência fizer cair um dente do seu escravo ou da sua escrava, deixá-lo-á ir forro pelo seu dente" (Êxodo, 21: 26-27).

Pelo sistema periódico de libertar os escravos hebreus e demonstrar amor e compaixão aos estrangeiros na terra (Levítico, 19: 33-34), os israelitas recordavam sua própria escravidão no Egito (Gerone Junior, 2015).

## 2.7.5 Festas anuais

McMurtry (2012) lembra os três períodos do ano marcados por celebrações festivas:

1. Páscoa e Festa dos Pães Ázimos (Asmos)
2. Festa das Semanas, Primícias ou Ceifa
3. Festa dos Tabernáculos ou Colheita

O significado e a importância das três festas eram tais que todos os israelitas homens eram convocados para as suas devidas atenção e celebração (Êxodo, 23: 14-17).

## Páscoa e Festa dos Pães Ázimos (Asmos)

A primeira Páscoa, historicamente, foi observada no Egito, no dia em que as famílias dos hebreus foram poupadas da morte dos primogênitos, ao matarem o cordeiro pascal (Êxodo, 12: 1-13). "Esta celebração comemora a saída do povo do Egito, sob a liderança de Moisés" (SBB, 2008, p. 190).

O cordeiro era separado no décimo dia do mês de Abibe e morto no décimo quarto dia. Nos sete dias seguintes, os hebreus só poderiam comer pães asmos. Este mês de Abibe ficou conhecido mais tarde como *Nisã* e marcava o começo dos meses, isto é, o início do ano religioso (Êxodo 12: 2). A segunda Páscoa foi celebrada no décimo quarto dia de Abibe, um ano após a saída do Egito (Números, 9: 1-5). Nenhuma pessoa incircuncisa poderia participar da Páscoa, tampouco comer dela (Êxodo, 12: 48), por isso, Israel não a celebrou durante a peregrinação no deserto.

Apenas após a entrada em Canaã, 40 anos depois de deixarem o Egito, celebraram a terceira Páscoa (Josué, 5: 6-10). A observância da Páscoa tinha o propósito de lembrar aos israelitas a intervenção milagrosa de Deus em seu favor (Êxodo 13: 3-4; 34: 18; Deuteronômio, 16: 1). McMurtry (2012, p. 17) ressalta: "A Páscoa é um memorial e uma ordenança permanente" – e, por isso, marcava o início de cada ano.

Indubitavelmente, a Páscoa sofreu algumas mudanças no ritual primitivo de sua observância à época em que Israel sequer tinha sacerdotes, tampouco o tabernáculo. O ritual de então prescrevia, a cada chefe de família, o sacrifício de um cordeiro, a aspersão de seu sangue nas portas e ombreiras e a maneira de partilhar o cordeiro. A construção do tabernáculo presenteou o povo com um lugar central onde os homens de cada tribo deveriam se reunir três vezes ao ano, começando pela celebração da Páscoa (Êxodo, 23: 17; Deuteronômio, 16: 1-17).

Os dias 15 e 25 eram dias de sagrada convocação. Durante toda a semana, os israelitas só podiam comer pão sem fermento (SBB, 2008). Como a Páscoa era o principal evento da semana, permitia-se aos peregrinos voltar para suas tendas apenas na manhã seguinte à festa. "Então, a cozerás e comerás no lugar que o Senhor, teu Deus, escolher, sairás pela manhã e voltarás às tuas tendas" (Deuteronômio, 16: 7).

Enquanto isso, realizam-se ofertas diárias assim prescritas: um carneiro, dois bezerros e sete cordeiros machos para a oferta de fogo acompanhados pela comida prescrita e, ainda, um bode para a oferta pelo pecado. "Mas sete dias oferecereis oferta queimada ao Senhor, ao sétimo dia haverá santa convocação; nenhuma obra servil fareis" (Levítico, 23: 8; Números, 28: 19-23).

Nesse ritual, o sacerdote mexia um feixe diante do Senhor e apresentava a oferta de fogo, um cordeiro macho, a comida de oferenda feita da mistura de flor de farinha com óleo e uma oferta de vinho. Nenhum grão da nova colheita era utilizado. Essa festa, portanto, denotava a consciência dos israelitas quanto à sua libertação histórica do Egito, bem como seu reconhecimento de que Deus era o abençoador nas provisões materiais.

A Páscoa era tão significativa que havia provisões especiais para aqueles que, na impossibilidade de a celebrarem no tempo certo, pudessem celebrá-la no mês seguinte:

> Então, disse o Senhor a Moisés: Fala aos filhos de Israel, dizendo: Quando alguém entre vós ou entre as vossas gerações achar-se imundo por causa de um morto ou se achar em jornada longe de vós, contudo, ainda celebrará a Páscoa ao Senhor. No mês segundo, no dia catorze, no crepúsculo da tarde, a celebrarão; com pães asmos e ervas amargas a comerão. Dela nada deixarão até à manhã e dela não quebrarão osso algum; segundo todo o estatuto da Páscoa, a celebrarão. (Números, 9: 9-12)

Quem se recusasse a celebrar a Páscoa era eliminado do povo, ao passo que até o estrangeiro era bem-vindo à celebração.

> *Porém, se um homem achar-se limpo, e não estiver de caminho, e deixar de celebrar a Páscoa, essa alma será eliminada do seu povo, porquanto não apresentou a oferta do Senhor, a seu tempo; tal homem levará sobre si o seu pecado. Se um estrangeiro habitar entre vós e também celebrar a Páscoa ao Senhor, segundo o estatuto da Páscoa e segundo o seu rito, assim a celebrará; um só estatuto haverá para vós outros, tanto para o estrangeiro como para o natural da terra.* (Números, 9: 13-14)

A Páscoa, portanto, era a mais significativa de todas as festas e observâncias em Israel (McMurtry, 2012), cujo povo era lembrado, anualmente, do maior dos milagres que Deus havia operado em seu favor, digno de toda comemoração, como consta nos Salmos e nos Profetas.

Ainda que a Páscoa fosse celebrada no tabernáculo, cada família teria uma clara e vívida compreensão de seu significado quando comesse pães asmos, avivando a lembrança da escravidão e a certeza de que Israel era o povo escolhido, amado e protegido por Deus.

## Festa das Semanas, Primícias ou Ceifa (Colheita)

Ao passo que a Páscoa e a Festa dos Pães Asmos eram celebradas no começo da colheita da cevada, a Festa das Semanas acontecia 50 dias depois, logo após a colheita do trigo (Deuteronômio, 16: 9), por isso, "posteriormente chamada de Pentecostes" (SBB, 2008, p. 190).

Ainda que fosse uma ocasião de suma importância, a festa era observada em apenas um dia, no qual se preparava uma comida especial, bem como uma oferta consistente e dois pães com fermento, a serem apresentados ao Senhor no tabernáculo, significando que o pão de cada dia era bênção divina (Levítico, 23: 15-20).

Os sacrifícios da celebração eram apresentados com essa oferta. Na alegre ocasião, o israelita lembrava-se do menos afortunado, deixando alimentos nos campos para que os mais pobres e necessitados tivessem o que comer.

## Festa dos Tabernáculos ou Colheita

A última celebração do ano era a Festa dos Tabernáculos, durante a qual os israelitas moravam em tendas por sete dias (Êxodo, 23: 16; 34: 22; Levítico, 23: 40-41). Além de marcar o fim das colheitas, essa festa evocava a peregrinação no deserto, uma vez que, no período de celebração, "o povo morava em abrigos feitos com ramos, lembrando o tempo em que viveram em tendas, no deserto" (SBB, 2008, p. 191). O relato bíblico abarca essa realidade:

> No primeiro dia, tomareis para vós outros frutos de árvores formosas, ramos de palmeiras, ramos de árvores frondosas e salgueiros de ribeiras; e, por sete dias, vos alegrareis perante o Senhor, vosso Deus. Celebrareis esta como festa ao Senhor, por sete dias cada ano; é estatuto perpétuo pelas vossas gerações; no mês sétimo, a celebrareis. (Levítico, 23: 40-41)

As comemorações dessa semana expressavam-se nos maiores holocaustos, com sacrifícios totalizando 70 bois – 13 dos quais oferecidos apenas no primeiro dia, considerado uma convocação sagrada. O número decrescia a cada dia até chegar a um.

Além disso, diariamente, eram entregues uma oferta de fogo adicional, que consistia em 14 cordeiros e 2 carneiros, e as respectivas ofertas de carne e bebida. A convocação sagrada celebrada no oitavo dia marcava o encerramento das atividades do ano religioso.

Cada sétimo ano era especial e havia uma peculiaridade na celebração da Festa dos Tabernáculos: a leitura pública da Lei. Embora fosse pedido aos peregrinos que observassem a Páscoa e a Festa das Semanas pelo menos durante um dia, era comum permanecerem na festa durante toda a semana, sendo uma oportunidade perfeita para a leitura da Lei, conforme ordenara Moisés:

> Esta lei, escreveu-a Moisés e a deu aos sacerdotes, filhos de Levi, que levavam a arca da Aliança do Senhor, e a todos os anciãos de Israel. Ordenou-lhes Moisés, dizendo: Ao fim de cada sete anos, precisamente no ano da remissão, na Festa dos Tabernáculos, quando todo o Israel vier a comparecer perante o Senhor, teu Deus, no lugar que este escolher, lerás esta lei diante de todo o Israel. Ajuntai o povo, os homens, as mulheres, os meninos e o estrangeiro que está dentro da vossa cidade, para que ouçam, e aprendam, e temam o Senhor, vosso Deus, e cuidem de cumprir todas as palavras desta lei; para que seus filhos que não a souberem ouçam e aprendam a temer o Senhor, vosso Deus, todos os dias que viverdes sobre a terra à qual ides, passando o Jordão, para a possuir. (Deuteronômio, 31: 9-13)

## 2.7.6 Dia da Expiação

A mais solene ocasião na totalidade do ano era o Dia da Expiação, "momento em que todos confessavam o seu pecado e pediam a Deus que lhes concedesse perdão e purificação" (SBB, 2008, p. 191). Vejamos alguns excertos bíblicos a esse respeito:

> No dia dez deste sétimo mês, tereis santa convocação e afligireis a vossa alma; nenhuma obra fareis. Mas, por holocausto, em aroma agradável ao Senhor, oferecereis um novilho, um carneiro e sete cordeiros de um ano; ser-vos-ão eles sem defeito. Pela sua oferta de manjares de flor de farinha, amassada com azeite, oferecereis três décimas de um efa para o novilho, duas décimas para o carneiro e uma décima para cada um dos sete cordeiros; um bode, para oferta pelo pecado, além da oferta pelo pecado, para fazer expiação, e do holocausto contínuo, e da sua oferta de manjares com as suas libações. (Números, 29: 7-11)

*Disse mais o Senhor a Moisés: Mas, aos dez deste mês sétimo, será o Dia da Expiação; tereis santa convocação e afligireis a vossa alma; trareis oferta queimada ao Senhor. Nesse mesmo dia, nenhuma obra fareis, porque é o Dia da Expiação, para fazer expiação por vós perante o Senhor, vosso Deus. Porque toda alma que, nesse dia, se não afligir será eliminada do seu povo. Quem, nesse dia, fizer alguma obra, a esse eu destruirei do meio do seu povo. Nenhuma obra fareis; é estatuto perpétuo pelas vossas gerações, em todas as vossas moradas. Sábado de descanso solene vos será; então, afligireis a vossa alma; aos nove do mês, de uma tarde a outra tarde, celebrareis o vosso sábado.*
(Levítico, 23: 26-32)

    O Dia da Expiação era observado no décimo dia de Tishri com uma sagrada convocatória e jejum (SBB, 2008). Nenhum trabalho era permitido nesse dia, de acordo com o que prescrevia a Lei de Moisés. O principal objetivo dessa observância era promover uma expiação verdadeira.

    Com singular e elaborada cerimônia, apenas o sumo sacerdote poderia oficiar nesse dia. Os demais sacerdotes sequer podiam permanecer no santuário, devendo imiscuir-se em meio à congregação do povo. Nessa ocasião, o sumo sacerdote vestia-se com linho branco e luzia seus ornamentos especiais. As ofertas requeridas para esse dia eram dois carneiros em holocausto para ele mesmo e para a congregação, um bezerro para sua oferta de pecado e, por fim, dois bodes para a oferta de pecado pelo povo.

    Enquanto os dois bodes permaneciam no altar, o sumo sacerdote apresentava sua oferta pelo pecado, fazendo expiação por si mesmo. Sacrificava, então, um bode no altar e fazia expiação pela congregação. Nos dois casos, aplicava o sangue ao propiciatório, santificando o santuário interior, o lugar santo e o altar das ofertas de fogo. Assim, as três divisões do tabernáculo eram adequadamente limpas no Dia da Expiação pela nação. Depois, o outro bode era conduzido ao deserto para levar consigo todos os pecados da congregação.

Após confessar os pecados do povo, o sumo sacerdote voltava ao tabernáculo para limpar-se e trocar suas vestes oficiais, regressando ao altar no pátio externo, onde era concluída a cerimônia do Dia da Expiação com seu ritual de dois holocaustos – um para si mesmo e outro para a congregação de Israel.

## 2.8 Uma religião firmada na aliança entre Deus e Israel

As características da religião de Israel contrastavam imensamente com as das religiões do Egito e de Canaã: em contraponto à multidão de deuses, Israel adorava um só Deus; em lugar de uma vasta quantidade de altares, Israel dispunha de um só santuário.

Por meio das ofertas prescritas e dos sacerdotes, o povo tinha acesso ao culto a Deus sem temor. A pauta de conduta era a Lei, que distinguia Israel como o povo aliançado com Deus, diferentemente das culturas pagãs. Em todos os lugares onde Israel praticava sua religião, ficava conhecido e assegurado o favor de Deus a Seu povo escolhido, cuidado manifesto na expressão do sacerdote em abençoar a nação: "O Senhor te abençoe e te guarde; o Senhor faça resplandecer o rosto sobre ti e tenha misericórdia de ti; o Senhor sobre ti levante o rosto e te dê a paz" (Números, 6: 24-26).

# Atividades

1. Após sair do Egito, o povo de Deus ficou, aproximadamente, por um ano no Monte Sinai. Na ocasião, o que aconteceu e qual foi o propósito de Deus?

2. Que fato especial marca e distingue a religião do povo de Israel?

3. Em que consiste a aliança divina com Israel e qual é o propósito de Deus ao estabelecer leis para Seu povo?

4. O que representavam o tabernáculo e o sacerdócio no culto que Israel oferecia a Deus?

5. Nos tempos bíblicos, era muito comum as pessoas fazerem oferendas aos deuses. Quais eram as diferenças entre as ofertas que o povo de Deus era chamado a realizar?

6. Qual é a importância das festas que Deus estabeleceu para Seu povo e quais são as atuais implicações para o povo de Deus?

*capítulo três*

## A conquista de Canaã e a criação de um reino unido

# 03

Historicamente, após o êxodo, o povo de Deus chegou ao Sinai, onde permaneceu por aproximadamente um ano e recebeu as leis divinas. Rumaram a Cades e, lá, aguardaram que Moisés enviasse os espias para conhecer a terra. Tratava-se de um lugar estratégico, e lá se organizaram para tomar posse da promessa de Deus. Doze espias foram enviados para analisar as cidades e seus futuros adversários. Entretanto, o retorno dos espias desmotivou o povo, temeroso de avançar diante do relatório negativo de 10 dos 12 enviados (Números, 13).

Após quase 40 anos de peregrinação pelo deserto, chegara o grande momento para o povo de Israel: a conquista da terra prometida. Conforme explicitado, Deus prometera a Abraão e seus descendentes que lhes daria uma terra. Transcorridos séculos de sofrimento em decorrência da escravidão, "enfim, chegara a hora de possuir a Terra Prometida" (Beaumont, 2012, p. 32), também conhecida como *terra de Canaã*, para que, posteriormente, ali fixassem residência e constituíssem um reino. Portanto, semelhante momento da histórica bíblica de Israel é o tema deste capítulo.

## 3.1 A terra de Canaã

Após o desastroso resultado da missão dos espias em Cades, os 12 enviados concordaram que a terra era, de fato, tudo o que eles desejavam, mas apenas dois – Josué e Calebe – acreditavam haver condições reais para vencer os cananitas (Números, 13 a 14). Os outros 10 julgaram ser impossível qualquer sucesso depois de terem visto a força física dos moradores e a segurança das cidades. De fato, por um lado, sabemos que Canaã "já estava ocupada por inúmeras cidades-Estado independentes" (Beaumont, 2013, p. 28); por outro, "muitos anos antes do êxodo no Egito, Deus havia prometido uma terra a Abraão, a qual sabemos hoje se tratar do território de Israel" (Day; Smith, 2015, p. 33).

O preço pago pela incredulidade generalizada foi alto. Todos foram destinados a vaguear pelo deserto durante os 38 anos seguintes. O decreto do Senhor determinou que nenhum dos incrédulos entraria na terra prometida. Os textos bíblicos indicam que, mesmo após quatro décadas de caminhada, o número de hebreus ainda era menor do que o de pessoas que saíram do Egito (compare Números, 26 com Êxodo, 30: 11-16 e 38: 26-31).

O que impressiona é o caráter frágil desse povo. Deus, que destruiu o poderoso Egito com terríveis pragas, não teria condições de vencer a resistência cananita? Deus, que abriu o Mar Vermelho, não poderia derrubar as muralhas de Jericó? Deus, que se manifestou assombrosamente por meio de relâmpagos e trovões no Sinai, não seria capaz de assustar os enormes adversários?

O espírito rebelde daquela nação aflorou ainda em vários outros momentos (Êxodo, 32: 9; Deuteronômio, 1: 43):

- Enquanto Moisés recebia a aliança de Deus no Monte Sinai, episódio que durou cerca de 40 dias, o povo, com a conivência de Arão, construiu um bezerro de ouro, símbolo de força e fertilidade para as religiões da época, e o adorou. Como consequência, Moisés quebrou as primeiras tábuas da Lei e liderou uma grande matança para punir o povo.
- Após o povo clamar por comida, Deus enviou codornas, que foram devoradas inapropriadamente, provocando uma grande praga.
- Arão e Miriã, os próprios irmãos de Moisés, tentaram assumir a liderança do povo. Castigados, arrependeram-se.
- O povo, diante do relatório pessimista dos dez espias, revoltou-se contra Moisés. Queriam voltar para a escravidão no Egito, apedrejar Josué e Calebe e, ainda, nomear um novo líder no lugar de Moisés. Somente após a morte dos dez espias azarões, houve arrependimento.
- Datã e Abirão se rebelaram contra a liderança de Moisés. Foram engolidos pela terra em uma intervenção divina (Números, 16: 1-15).
- Diante do clamor por comida, o povo sentiu saudades das cebolas do Egito. Deus atendeu ao reclame com maná, uma espécie de gosma de proteínas enviada dos rochedos capaz de alimentar satisfatoriamente. O único detalhe, porém, foi a proibição de que não poderiam guardar o alimento, apenas colhê-lo para o dia.

Não podendo armazenar o milagroso alimento, Deus tencionava lhes ensinar que Ele é o provedor do sustento diário. O povo de Deus não deve se preocupar com o amanhã, porque Deus suprirá o pão de cada dia. O que fosse poupado estragaria. O povo não obedeceu, muitos comeram maná estragado e passaram mal.

- O povo reclamou de falta de água e levou Moisés a agir imprudentemente. Após extrair água de uma pedra, o próprio Moisés foi penalizado por Deus com o castigo de não poder entrar na terra prometida.
- Por não concordar com a estratégia de Moisés de não entrar diretamente em Canaã, devendo, antes, rodear Edom, o povo se queixou violentamente. O resultado foi a praga das serpentes, que vitimou inúmeros rebeldes.
- Às portas da terra prometida, muitos hebreus esqueceram as orientações de Moisés contra a idolatria e se envolveram em um culto desenfreado a Baal-Peor. Como resultado, um grande grupo precisou ser enforcado, ao passo que outras pessoas morreram em decorrência de uma praga enviada por Deus.

Ao cabo dessa intensa e dolorosa peregrinação, as 12 tribos estavam prontas para entrar em Canaã. Antes, um grande discurso de despedida foi proclamado pelo líder, que não entrou com o povo. O livro de Deuteronômio registra esse sermão, que estimula o povo a guardar o pacto como única forma de sobreviver em meio às outras nações. Se obedecessem a Deus, seriam abençoados; se Lhe desobedecessem, seriam castigados. Em outras palavras, fidelidade implica bênção, e infidelidade, por sua vez, desgraça.

Entretanto, mesmo em meio a tamanha amostra de rebeldia e desobediência, contra Si e contra Moisés, Deus permitiu que o povo avançasse e conquistasse a terra prometida:

> O grande líder Moisés, avisado da proximidade de sua morte, transfere a liderança para Josué, um dos que haviam visitado Canaã, como espiões, quase quarenta anos atrás, e dá suas últimas instruções ao povo, antes da invasão, conforme se encontram no livro de Deuteronômio. A hora era chegada. (Gusso, 2003, p. 27)

Para tanto, Josué precisou continuar a travar algumas batalhas. Beaumont (2013, p. 28) lembra que "Josué, servindo-se de uma mistura brilhante de estratégia e dependência em Deus, liderou Israel na reivindicação de sua herança". Em meio a essa luta, ele protagonizou as chamadas "campanhas militares de Josué" (Beaumont, 2012, p. 32), etapa dividida em nove momentos, conforme os seguintes relatos bíblicos:

- Jordão – Josué, 3: 1 a 4: 24
- Gilgal – Josué, 5: 1-12
- Jericó – Josué, 5: 13-15; 6: 1-27
- Ai – Josué, 8: 1-29
- Monte Ebal – Josué, 8: 30-35
- Gibeão – Josué, 9
- Campanhas do sul – Josué, 10
- Campanhas do norte – Josué, 11
- Siquém – Josué, 24

Considerável parte da conquista, portanto, consta do livro de Josué, que abarca o período de aproximadamente 20 anos da liderança de Josué sobre o povo de Israel, descrevendo "a conquista de Canaã desde a travessia do Rio Jordão até a cerimônia de renovação da aliança em Siquém que uniu as tribos num pacto de lealdade ao Senhor Deus" (SBB, 2008, p. 221). Os 24 capítulos de Josué podem ser assim resumidos:

- Capítulos 1 a 12: introdução e conquista da terra prometida.
- Capítulos 13 a 22: instruções para a distribuição da terra prometida de acordo com a divisão das tribos.
- Capítulos 23 e 24: despedida de Josué.

## 3.2 Divisão das tribos de Israel

Encerradas as campanhas de conquista, a terra foi repartida por Josué entre as 12 tribos de Israel. Há uma diferença entre a relação das tribos que receberiam terras e a relação dos filhos de Jacó. Levi, por exemplo, não recebeu terra, pois estava designado para o serviço do culto, mas receberia 48 cidades entre as outras tribos por todo o território conquistado.

"As cidades, pois, dos levitas, no meio da herança dos filhos de Israel, foram, ao todo, quarenta e oito cidades com seus arredores" (Josué, 21: 41). No entanto, a parte de José, filho de Jacó, seria dividida entre seus dois filhos, Efraim e Manassés, reconhecidos e adotados por Jacó como seus filhos antes de morrer, completando, assim, as 12 heranças na terra de Canaã.

Lawrence (2008, p. 56) assinala que "o livro de Josué fornece um mapa verbal detalhado dos territórios entregues a cada tribo". De fato, essa narrativa estende-se do Capítulo 13: 1 ao Capítulo 19: 48. Para facilitar as localizações do assentamento das 12 tribos na terra conquistada, a distribuição obedeceu a dois grandes agrupamentos.

### 3.2.1 Tribos da Palestina Oriental ou Transjordânia – lado leste do Jordão

São duas tribos e meia: Rubem, ao norte de Moabe e a leste do Jordão; Gade, a leste do Jordão e ao norte de Rubem; e meia tribo de Manassés, também chamada *Manassés Oriental*, a leste do Jordão e do Mar da Galileia e ao norte de Gade.

### 3.2.2 Tribos da Palestina Ocidental ou Canaã – lado oeste do Jordão

Dividem-se em três grupos:

1. **Norte**: Naftali, Aser e Zebulon (entre Fenícia, Mediterrâneo e Jordão, ou Galileia).
2. **Centro**: Issacar, Manassés Ocidental (meia tribo de Manassés), Efraim, Benjamim e Dã – mais tarde, rebatizada de *Samaria*.
3. **Sul**: Judá e Simeão, posteriormente conhecida como *Judeia*. Essa divisão permaneceu praticamente a mesma durante o período dos juízes, mas com menos precisão em razão da mistura das tribos decorrente dos casamentos e do deslocamento de áreas desertas para regiões propícias à agricultura e à criação de gado – caso da tribo de Simeão, que se mesclou à de Judá.

Mapa 3.1 – A posse de Canaã – as 12 tribos de Israel

**A POSSE DE CANAÃ**

- Hazor
- Monte Carmelo
- Bete-Seã
- Zaretã
- Adão
- Siquém
- Monte Gerezim
- Siló
- Betel
- Ai
- Gabaom
- Aijalém
- Bete-Semes
- Gilgal
- Jericó
- Jerusalém
- Jarmute
- Hebrom
- Laquis
- Debir
- Libna
- Eglom
- Berseba
- Ascalon
- Gaza

REINO DE OGUE
REINO DE SIOM
AMOM
MOABE
EDOM

Monte Nebo
Mar de Quinerete
Rio Jordão
Mar Morto
Mar Mediterrâneo

**AS 12 TRIBOS DE ISRAEL**

- Hazor
- Aser
- Naftali
- Zabulon
- Issacar
- Manassés
- Efraim
- Dã
- Acarom
- Azoto
- Ascalon
- Gaza
- Gate
- Siquém
- Benjamim
- Gade
- Rúben
- Judá
- Simeão
- Cades-Barneia

Monte Nebo
Deserto de Zim
AMOM
MOABE
EDOM

- Cidade
- ---- Limites aproximados das 12 Tribos de Israel

N O S L

Escala aproximada
1 : 4.000.000
1 cm : 40 km
0   40   80 km
Projeção Cilíndrica Equidistante

João Miguel Alves Moreira

*Fonte: Elaborado com base em Schultz, 1983.*

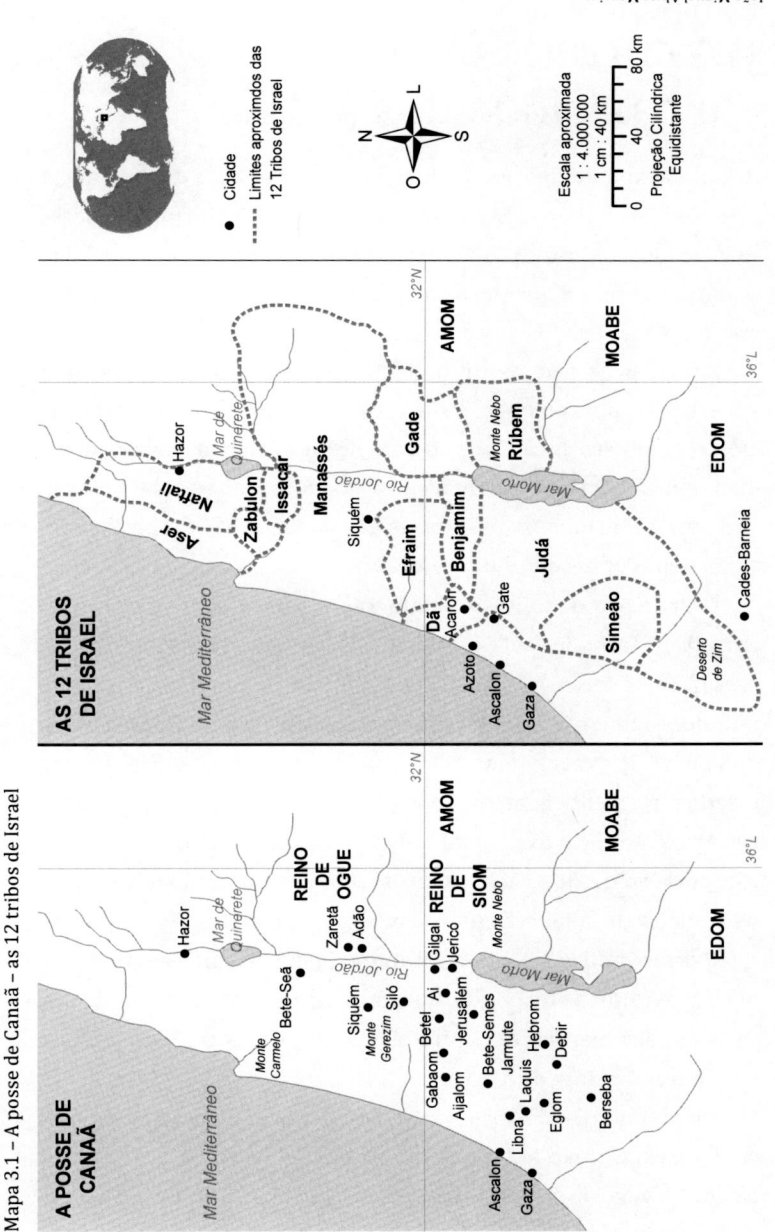

A conquista de Canaã e a criação de um reino unido

## 3.3 A entrada na terra e o período dos juízes

O fim do êxodo demarca o início da vida em Canaã e a passagem pelo Mar Vermelho se completa com a travessia do Rio Jordão. Nesse sentido, Gusso (2003, p. 34) ressalta que "a entrada em Canaã não poderia ter sido mais gloriosa [pois foi por meio de] um milagre efetuado por Deus".

A terra precisava ser totalmente ocupada para que a promessa se realizasse por completo. Josué encarregou-se disso: autêntico discípulo de Moisés durante os 40 anos de peregrinação pelo deserto, guerreou, foi espia e apoiou o culto em vários momentos. Foi treinado para continuar o que Moisés não poderia fazer. O povo prontamente reconheceu a nova liderança.

O primeiro desafio – modelo, talvez, para os demais – foi a entrada na fechada e intransponível Jericó. Beaumont (2012, p. 33) ressalta que Jericó era "provavelmente a cidade mais antiga do mundo, e controlava a estrada que atravessava a região central de Canaã". Provavelmente, se nos encarregassem de invadir uma cidade fortemente armada, com grandes e espessos muros, recorreríamos a um vasto arsenal bélico para vencer os inimigos, com catapultas para destruir os muros e fogo para derrubar as portas de madeira da cidade. Deus, todavia, não age assim.

Para invadir Jericó, Deus mandou Josué ordenar ao povo que marchasse uma volta por dia durante sete dias em torno da cidade. Os homens deveriam ter, entre eles, sete sacerdotes tocando sete trombetas à frente da arca.

No sétimo dia, deveriam dar sete voltas e tocar as trombetas sete vezes. O povo fez o que foi ordenado, os muros caíram e a cidade foi vencida. Segundo Day e Smith (2015, p. 34), "esse episódio marcou o início da conquista da Terra Prometida". De acordo com a

Bíblia de Estudo Almeida (2006, p. 23), "tanto em Israel quanto no antigo Oriente, em geral, o número sete representava a perfeição e a plenitude", pois em sete dias Deus criou o Universo.

> *Gritou, pois, o povo, e os sacerdotes tocaram as trombetas. Tendo ouvido o povo o sonido da trombeta e levantado grande grito, ruíram as muralhas, e o povo subiu à cidade, cada qual em frente de si, e a tomaram. Tudo quanto na cidade havia destruíram totalmente a fio de espada, tanto homens como mulheres, tanto meninos como velhos, também bois, ovelhas e jumentos. Então, disse Josué aos dois homens que espiaram a terra: Entrai na casa da mulher prostituta e tirai-a de lá com tudo quanto tiver, como lhe jurastes. Então, entraram os jovens, os espias, e tiraram Raabe, e seu pai, e sua mãe, e seus irmãos, e tudo quanto tinha; tiraram também toda a sua parentela e os acamparam fora do arraial de Israel. Porém a cidade e tudo quanto havia nela queimaram-no; tão somente a prata, o ouro e os utensílios de bronze e de ferro deram para o tesouro da Casa do Senhor.* (Josué, 6: 20-24)

Eis o jeito de Deus. Pelos próximos anos da vida de Josué, o povo tomou o restante da terra de Canaã, mas sem expulsar todos os habitantes. Muitas cidades continuaram independentes no meio do povo e muitos povos foram poupados.

Como Canaã não contava com um governo único e centralizado, as tribos de Javé precisaram vencer cada uma das cidades-Estado que encontraram pela frente. O livro de Josué relata que 31 reis foram derrotados por Josué e seu povo. O fato de haver tantos reis em um território tão pequeno certamente contribuiu para que a conquista ocorresse com relativa rapidez.

Ao fim, todas as tribos receberam sua parte da promessa de Deus. Ao lado leste do Jordão, ficaram duas tribos e meia – Rubem, Gade e Manassés –e, na região oeste entre o Mediterrâneo e o Jordão, as nove tribos e meia restantes.

Levi ganhou algumas cidades e pastos para seu rebanho, pois sua possessão era o serviço do culto ao Deus de Israel.

> *Agora, pois, temei ao Senhor e servi-O com integridade e com fidelidade; deitai fora os deuses aos quais serviram vossos pais dalém do Eufrates e no Egito e servi ao Senhor. Porém, se vos parece mal servir ao Senhor, escolhei, hoje, a quem sirvais: se aos deuses a quem serviram vossos pais que estavam dalém do Eufrates ou aos deuses dos amorreus em cuja terra habitais. Eu e a minha casa serviremos ao Senhor. Então, respondeu o povo e disse: Longe de nós abandonarmos o Senhor para servirmos a outros deuses; porque o Senhor é o nosso Deus; Ele é quem nos fez subir, a nós e a nossos pais, da terra do Egito, da casa da servidão, quem fez estes grandes sinais aos nossos olhos e nos guardou por todo o caminho em que andamos e entre todos os povos pelo meio dos quais passamos. O Senhor expulsou de diante de nós todas estas gentes, até o amorreu, morador da terra; portanto, nós também serviremos ao Senhor, pois Ele é o nosso Deus.* (Josué, 24: 14-18)

Depois da morte de Josué, cada grupo assumiu sua possessão. Será que a história acaba aqui? O povo de Deus está, enfim, formado?

O livro de Juízes demonstra que, se o povo nasceu em Abraão, na fase dos juízes encontrava-se ainda na adolescência. É um estágio caracterizado por altos e baixos, com variações de humor alternadas e constantes: ora os campos são verdes e a paz reina, ora tudo é desértico e a guerra impera.

Assim como a adolescência caracteriza-se por mudanças de humores e paixões, a época de líderes como Sansão e Gideão é marcada por namoros com as divindades cananitas. Gusso (2003, p. 30), nesse sentido, reforça que "quando se começa a estudar a religião praticada em Canaã se percebe com mais clareza os motivos pelos quais Israel deveria destruir todos os povos que lá habitavam". Beaumont (2013, p. 29), por seu turno, pontua: "Depois da morte de Josué, Israel rapidamente começou a declinar. Seduzido pela sexualidade da religião cananeia, Israel se esqueceu de Deus e de tudo o que Deus havia feito por eles, e assim se tornaram como os povos vizinhos".

Os cananitas acreditavam que os seres celestiais estavam em toda parte: no deserto, nos campos e nas casas. Precisamente por isso, a fertilidade, a segurança e a saúde, de certa forma, dependiam desses seres celestiais (SBB, 2008).

Gusso (2003) e Beaumont (2012) destacam que os principais deuses do panteão cananita eram El e Baal, que coexistem com Anath, Astarote, Asherah, Mote, Resepe, Sulmã e Cosar.

Daí advém a importância dos governantes instituídos após a morte de Josué, que a Bíblia denomina de *juízes*, "apesar de a função judicial ser apenas uma de suas atribuições" (Lawrence, 2008, p. 58). Gusso (2003) prefere o termo *libertador*, e Beaumont destaca-os como *governantes*. Independentemente da designação, Beaumont (2013, p. 28) ressalta que "Deus escolheu doze líderes, que foram capacitados pelo seu Espírito para resgatar o povo" – e, por isso, quase todos os juízes precisaram alertar o povo quanto à relação adúltera com esses deuses e cultos cananitas.

Durante vários séculos, o povo viveu organizado em tribos independentes entre si. Um laço, porém, as unia: a história comum e o **reconhecimento do mesmo Deus**. Sem uma capital política, o único centro era religioso, localizado em Siló, onde os sacerdotes celebravam cultos a Deus.

Nenhum rei governava sobre as tribos. Aliás, até os derradeiros dias da vida de Samuel, Javé era o único rei de Israel (I Samuel, 8: 4-8).

Alguns autores, como Gusso (2003), denominam esse período de *teocracia*, no qual Deus faz, às vezes, o papel de governante, com Sua vontade ministrada pela boca dos líderes do culto, dos profetas e dos juízes.

O que deveria ser uma vantagem pelo caráter informal e livre da administração das tribos, todavia, mostrou-se ineficiente em face de algumas circunstâncias, conforme atesta Lawrence (2008):

- Muitas cidades-Estado em Canaã não tinham sido dominadas pelos israelitas e conviveram livremente entre o povo de Israel. Em decorrência dessa aproximação, elas promoviam ataques sistemáticos às tribos mais fracas.
- Nem sempre as tribos tiveram espírito de cooperação. Em alguns casos, somente aquelas cujas terras estavam implicadas no conflito atendiam às convocações dos juízes para o combate.
- Outro povo – os filisteus – que havia chegado a Canaã quase ao mesmo tempo em que os israelitas, tomou várias cidades costeiras e firmou uma aliança de oposição, constituindo um exército, em cujo auge chegou a tomar a arca da aliança.
- Ao passo que os filisteus atacavam pelo mar, os povos do deserto faziam invasões pelo lado leste. Edomitas, moabitas, midianitas e amonitas faziam guerrilhas eventuais com o propósito de minar a força das tribos.
- Diferentemente dos inimigos, as tribos israelitas não tinham exércitos organizados. Os juízes só podiam contar com camponeses e pastores que abandonavam momentaneamente suas atividades para lutar. O povo sabia manejar um cajado, mas não empunhar uma espada.

- Além de todos esses fatores adversos, um se despontou como o mais desagregador e enfraquecedor: a idolatria. Afinal, se a fé em Javé era o que unia todas as tribos, o culto a outros deuses destruía semelhante elo. Mesmo reconhecendo a grandeza do Senhor, aqui, ali e acolá, considerável parte do povo se aproximou de Baal, El, Astarote, Moloque, Asherah e outras divindades locais, conforme denota o relato bíblico a seguir:

> *Então, fizeram os filhos de Israel o que era mau perante o Senhor; pois serviram aos baalins. Deixaram o Senhor, Deus de seus pais, que os tirara da terra do Egito, e foram-se após outros deuses, dentre os deuses das gentes que havia ao redor deles, e os adoraram, e provocaram o Senhor à ira. Porquanto deixaram o Senhor e serviram a Baal e a Astarote.*
> (Josué, 2: 11-13)

Diante dessa realidade, os juízes foram homens e mulheres ungidos em ocasiões especiais, a cuja autoridade o povo recorria nas dificuldades e os quais Deus usava para resgatar o povo de sua perdição; eram, portanto, indivíduos eventualmente conclamados para atender alguma emergência social. Muitos deles detinham autoridade meramente local, não assumindo a liderança de todas as tribos.

Beaumont (2012, p. 36) enaltece que "esse ciclo de desobediência/desgraça/livramento persistiu por 300 anos e foi o período mais sombrio da história de Israel". De fato, na ausência de um rei, foi o caos que ascendeu ao trono: "Então, os filhos de Israel também partiram dali, cada um para a sua tribo, para a sua família e para a sua herança. Naqueles dias, não havia rei em Israel; cada um fazia o que achava mais reto" (Juízes, 21: 24-25).

A falta de um governo central, forte e definido fez com que as transgressões se multiplicassem. A vida moral e religiosa da nação estava em plena derrocada. O culto a Baal e a Astarote soava muito mais atraente por sua sensualidade. Os juízes tinham um campo de atuação muito restrito, geográfica e politicamente.

Eis os profetas elencados pelo livro de Juízes: **Otniel** de Judá, que livrou Israel da opressão dos reis da Mesopotâmia (3: 7-11); **Eúde**, que livrou Israel expulsando os moabitas e os amonitas (3: 12-30); **Sangar**, que livrou Israel da opressão filisteia matando 600 filisteus (3: 31); **Débora** e **Baraque**, que livraram Israel dos cananeus (4: 1 a 5: 31); **Gideão**, que expulsou os midianitas (6: 1 a 8: 35); tempos conturbados com **Abimeleque**, **Tola** e **Jair** (9: 1 a 10: 5); **Jefté**, que subjugou os amonitas (10: 6 a 12: 7); os juízes secundários **Ibsã**, **Elom** e **Abdom** (12: 8-15); por fim, **Sansão**, grande perseguidor dos filisteus (13: 1 a 16: 31).

**Saiba mais**

# O que é uma tribo?

A *tribo* é uma organização social composta por famílias agrupadas em *associações protetoras*, a fim de se ajudarem economicamente umas às outras, se defenderem dos ataques inimigos e praticarem a religião.

A *família* é composta de 40 a 50 pessoas, compreendendo os pais, filhos, tios, primos e parentes, que vivem em casas vizinhas. O chefe é o pai ou avô (ancião), que decide as questões, funciona como sacerdote, arruma casamento para as jovens etc. Todas as pessoas que pertencem à família (chamada **casa** do pai) são tratadas como *irmãos*. A *associação protetora*, composta de umas 50 famílias, é coordenada pelos chefes de família. Esta associação presta auxílio às famílias que, por algum motivo, passam dificuldades econômicas, reúne pessoal para defender a região onde moram, organiza celebrações religiosas e festas comuns, e realiza acordos matrimoniais.

Essas famílias e associações, com experiências comuns de opressão e luta, se unem em uma entidade mais ampla chamada *tribo*, e vivem em região separada por causa do terreno ou floresta, onde exercem ocupações agrícolas e pastoris. A tribo também realiza assembleias, festas, decide fazer guerra ou acordo de paz, resolve questões jurídicas, faz distinção fraterna da produção anual etc. [...].

Fonte: Balancin, 1989, p. 16, grifo do original.

Diante de tudo isso, algumas tribos enfim reconheceram a fragilidade da confederação tribal e clamaram por um **rei**. A transição não foi fácil, mas foi coordenada por um dos maiores juízes de Israel: Samuel.

Em virtude de seu nascimento miraculoso, pois sua mãe Ana era estéril, Samuel dedicou-se desde criança ao serviço religioso. Ele foi o responsável pela ponte entre o sistema tribal e a monarquia.

**Saiba mais**

## Israel como confederação das tribos

- Época: 1400-1050 a.C.
- Regime: tribal. Liderança dos juízes.
- Sistema: participativo.
- Religião: adoração a Javé, conduzida por sacerdotes e levitas.
- Culto nos santuários.
- Crise: conflito com as cidades-Estado de Canaã e Filisteia.

Fonte: SBB, 2008.

## 3.4 Monarquia unida

No período monárquico, a Palestina apresentava a maior área de toda a sua história, ou seja, a que fora prometida por Deus a Abraão. Foi quando, em razão das conquistas de Davi e Salomão, o território do império hebreu estendeu-se desde a Filisteia, a Berseba e o Golfo de Ácaba (ou cidades de Ezion-Geber a Elate ao sul) até a Babilônia ao leste, abrangendo Edom, Moabe e Amon, até Hamate e Damasco, ou Síria, ao norte (II Samuel, 8), conforme lembra Beaumont (2013).

A monarquia que se instalara em Israel nos séculos XI e X a.C., com Saul, Davi e Salomão, é o auge da história do Velho Testamento, episódio superado pelos judeus apenas na história recente, após a instauração do Estado de Israel em 1947. Nos tempos desses três reis, as fronteiras chegaram perto de abranger a extensão completa da promessa feita a Abraão: **do Egito à Mesopotâmia**. As nações estrangeiras respeitavam e tratavam Israel como um império forte e poderoso.

Samuel, promotor da transição das tribos para a monarquia, dá nome a dois livros bíblicos (I e II Samuel). Day e Smith (2015, p. 43) enaltecem que Samuel foi "o último juiz de Israel, o primeiro profeta depois de Moisés e um dos melhores profetas de Israel. Como se não bastasse, Samuel também era sacerdote".

Como último juiz, Samuel exerceu autoridade sobre todas as tribos. Não foi um juiz local, mas nacional. Desde cedo, além de juiz, assumiu as funções de profeta e sacerdote. Seu sacerdócio aconteceu a despeito de ele não advir da linhagem de Arão: tratava-se de um sacerdote instituído diretamente por Deus e reconhecido como tal pelo povo (I Samuel 3: 19-21).

Quando o primeiro santuário da arca foi destruído pelos adversários do povo, Samuel se mudou de Siló para Ramá, de onde passou a ministrar para as tribos e partiu para oferecer sacrifícios em vários pontos de Canaã – Mispa, Gilgal, Belém e outros. Não havendo um lugar único e centralizado de adoração, o sacerdote precisava ir até onde o povo se reunia para tanto.

O povo logo reivindicou um rei para si. Lawrence (2008) afirma que a derrota de Israel na batalha contras os filisteus, o consequente roubo da arca da aliança e a destruição do santuário em Siló foram acontecimentos críticos na história de Israel, suscitando, entre o povo, a necessidade de um rei. O autor acrescenta:

> *Os anciãos de Israel pressionaram Samuel a nomear um rei para liderá-los, a exemplo de todas as nações vizinhas. Samuel os advertiu sobre a possível opressão associada ao regime monárquico, mas eles se recusaram a ouvir, pois haviam decidido que precisavam de um líder militar permanente para comandá-los.* (Lawrence, 2008, p. 62)

Assim, Samuel, o último e maior de todos os juízes de Israel, deu início "à transição de uma federação de tribos autônomas para uma monarquia" (Beaumont, 2013, p. 30). Gusso (2003, p. 55) lembra que "a transição não foi feita de maneira muito fácil. [Afinal,] pedir um rei era o equivalente a duvidar do cuidado e da proteção de Iavé, o verdadeiro rei de Israel". De qualquer forma, Samuel foi levado por Deus a ungir Saul, da tribo de Benjamim, como monarca de Israel. Em uma celebração religiosa, Samuel indicou publicamente Saul como rei, na cidade de Mispa, onde a maioria clamou pela primeira vez: "Viva o rei!" (I Samuel, 10: 24).

O período abrange a monarquia de três reis: Saul, Davi e Salomão, de 1040 a 920 a.C. Essa época áurea serviu para estabelecer uma fase de consolidação, que conferiu a Israel o *status* de **nação**. As conquistas anteriores ganharam, enfim, forma definida e os limites geográficos expandiram-se até onde Deus havia prometido.

Apesar da desobediência de Saul e do declínio de Salomão em seus últimos anos, o culto ao único Deus foi plenamente restabelecido e a caótica situação religiosa do tempo dos juízes terminou.

**Saiba mais**

# O que é monarquia?

A palavra *monarquia* quer dizer "governo de uma só pessoa", isto é, do rei. Ele possui toda a autoridade em suas mãos. É ele quem faz as leis que devem ser observadas e, ao mesmo tempo, é o juiz que decide e dá a sentença. O rei é chamado de "pai da nação", e é considerado como o representante de Deus na Terra. As suas decisões são as decisões do próprio Deus.

Quando um rei morre, ele é substituído no poder por um de seus filhos. Essa sucessão de pai para filho no trono chama-se *dinastia*. Assim, uma só família se perpetua no governo do país, a não ser que haja revolta; e então começa a governar outra família ou dinastia. A *dinastia de Davi* foi a que mais durou em Israel.

A cidade na qual o rei mora se torna a capital do país. Aí fica o *palácio* real, a *corte*, isto é, a família real e os administradores, ministros, oficiais. [...].

Fonte: Balancin, 1989, p. 21.

### 3.4.1 Saul

Saul foi o primeiro rei de Israel. Ele deu início à organização e à solidificação da nação. Beaumont (2013, p. 30) ressalta que Saul "começou bem. Ele era alto, forte, de boa aparência e, a princípio, humilde – tudo o que Israel desejava".

De fato, Saul, que era da tribo de Benjamim, vinha de uma família com boa projeção social. Robusto, sobressaía-se fisicamente em relação aos demais jovens de seu povo. Tinha mesmo a aparência de um rei. Gusso (2003) e Lawrence (2008) ressaltam que isso, somado à indicação de Samuel, ao carisma de Saul – que lembrava muito os dons carismáticos de alguns juízes – e ao reconhecimento popular, tornou-o aclamado e apoiado com muito entusiasmo pelos ansiosos israelitas. O texto bíblico descreve: "Tomou Samuel um vaso de azeite, e lho derramou sobre a cabeça, e o beijou, e disse: Não te ungiu, porventura, o Senhor por príncipe sobre a sua herança, o povo de Israel?" (I Samuel, 10: 1).

O governo de Saul não foi longo, mas se caracterizou por algumas vitórias importantes. Mais semelhante a um líder guerreiro do que a um monarca propriamente dito, organizou e dirigiu um exército para enfrentar os adversários, sobretudo os filisteus. Gusso (2003, p. 57) lembra que Saul e seu filho Jônatas "conseguiram, com poucos soldados, libertar a parte central de Canaã, que estava no poder dos filisteus". Sua principal missão residia, portanto, em organizar um exército e estruturá-lo sob a liderança do general Abner.

As fragilidades pessoais, entretanto, logo o levaram ao declínio. Empolgado com as vitórias e a glória subsequente, esqueceu-se de sua dependência espiritual de Deus. Nesse sentido, Beaumont (2012, p. 41) assevera que "o poder subiu à cabeça de Saul e o levou a imaginar que o privilégio de ser rei lhe possibilitaria fazer o que bem entendesse".

Saul, de fato, não entendia que a monarquia em Israel diferia da de outras nações. Nela, o rei era mero instrumento de Deus para dirigir o povo. Quando o rei falhava em tal missão, todo o governo e, por conseguinte, a própria nação sofriam as consequências. Assim, depois de um ato explícito de desobediência, ele foi abandonado por Samuel e por Deus, que não aprova sacrifícios que substituem a obediência. Deflagrou-se, então, uma sequência de fracassos, caracterizados por ciúmes da popularidade de um de seus oficiais, Davi, pela insegurança em enfrentar os inimigos e pela tentativa desesperada de reconquistar o apoio de Deus.

Lawrence (2008) destaca que Saul cometeu dois grandes **equívocos** decisivos. O primeiro foi a guerra contra os amalequitas. A ordem de Deus era exterminá-los completamente. No entanto, Saul desobedeceu e não matou Agague, nem os animais, sendo repreendido por Samuel. Na segunda vez, diante da demora de Samuel, ele precipitou-se e tomou para si o ofício sacerdotal, o que não era permitido ao rei, fazendo ele mesmo o sacrifício. Dessa vez, a repreensão de Samuel foi mais dura e ele proferiu a sentença sobre Saul de que Deus já o havia rejeitado e escolhido outro rei em seu lugar.

Beaumont (2012) lembra que o governo de Saul terminou após uma desesperada consulta a uma feiticeira em En-Dor. Assim, ele morreu no campo de batalha e, ferido por flechas adversárias, jogou-se sobre a própria espada em um derradeiro ato de suicídio.

O relato bíblico do reinado de Saul pode ser, convenientemente, assim subdividido:

- **Vitórias nacionais e fracassos pessoais (I Samuel, 13 a 15)**
  - A falha de Saul em aguardar o retorno de Samuel (I Samuel, 13: 1-15a).
  - A derrota dos filisteus em Micmás (I Samuel, 13: 15b a 14: 46).
  - A submissão das nações vizinhas (I Samuel, 14: 47-52).
  - A desobediência de Saul e sua rejeição por Deus (I Samuel, 15).

- **Saul, o rei, e Davi, o fugitivo (I Samuel, 16 a 26)**
  - O surgimento de Davi como herói nacional (I Samuel, 16 a 17).
  - A perseguição de Saul a Davi (I Samuel, 18 a 19).
  - A amizade de Davi e Jônatas (I Samuel, 20).
  - A fuga de Davi e suas consequências (I Samuel, 21 a 22).
  - A intensificação da perseguição de Saul a Davi (I Samuel, 23 a 26).
- **O conflito filisteu-israelita (I Samuel, 27 a 31)**
  - A permissão dos filisteus ao refúgio de Davi (I Samuel, 27: 1 a 28: 2).
  - A busca de Saul pela ajuda de En-Dor (I Samuel, 28: 2-25).
  - A recuperação das possessões de Davi (I Samuel, 29 a 30).
  - A morte de Saul (I Samuel, 31).

## 3.4.2 Davi

O ciúme de Saul obrigou Davi a fugir para o deserto de Nobe. Após a morte de Saul, a ascensão de Davi como rei de toda a nação de Israel não foi imediata. Ele já havia conquistado imenso respeito após derrotar Golias e se destacar como chefe militar. Davi foi acolhido primeiro como rei de Judá e só depois, anos mais tarde, por Israel como um todo (Lawrence, 2008).

Como rei, Davi sitiou e tomou Jerusalém, baluarte dos jebuseus, ampliando-a e fazendo dela a capital (Beaumont, 2012). Subjugou as nações ao redor, estendendo seus domínios aos limites prometidos a Abraão: "Naquele mesmo dia, fez o Senhor aliança com Abrão, dizendo: À tua descendência dei esta terra, desde o rio do Egito até ao grande rio Eufrates" (Gênesis, 15: 18). Davi também trouxe o tabernáculo para a cidade, juntamente à arca da aliança e aos demais utensílios.

A história de Davi antes de se tornar rei, entretanto, é fascinante. A Bíblia relata que Davi, ungido ainda jovem por Samuel, retirado da função de pastor de ovelhas, entrou no exército de Saul, no qual foi logo reconhecido como um valente guerreiro. Chefiou, durante longo período, um grupo de fiéis soldados.

**Saiba mais**

## Davi

Significa: "amado". Filho de um agricultor de Belém chamado Jessé. Veio a tornar-se um grande estadista, poeta, general e rei de Israel. Foi quem uniu as doze tribos de Israel. Elaborou todo o planejamento, o orçamento e o material para a construção do templo.

*Fonte: Elaborado com base em Bíblia, 2006.*

Quando Saul, motivado pelo ódio e pelo ciúme, colocou Davi na ilegalidade como inimigo público, ele fugiu e tornou-se chefe de um grupo de foras da lei ainda mais fiel. Nesse período, Davi ganhou a vida protegendo fazendeiros no interior de Canaã ou lutando por despojos contra os inimigos de Israel. Em razão desse passado, Judá o apoiou imediatamente após a morte de Saul e o aclamou rei. As demais tribos tentaram dar continuidade à linhagem de Saul, por meio de Isbosete, que logo fracassou (Gusso, 2003).

Quando enfim perceberam que a entronização de Davi era benéfica para todos, as tribos do norte e do sul celebraram um pacto em torno do mesmo rei. Cumpriu-se a **profecia de Samuel**. A cidade central de comando, durante o governo de Saul, foi Gabaá, na tribo de Benjamim. Beaumont (2012, 2013) e Gusso (2003) lembram que Davi reinou sobre Judá a partir de Hebrom, uma das cidades da tribo. Uma vez que a localização da capital poderia denunciar às outras tribos alguma espécie de favorecimento real, Davi decidiu tomar a cidade de Cananeia para ser sua capital. Entre os primeiros atos do governo unificado, ele se apoderou de Jerusalém, situada na divisa entre Judá e Benjamim – angariando, certamente, mais simpatia, pois ajudou "a não causar sentimento de inveja, como poderia acontecer" (Gusso, 2003, p. 61), entre o povo.

Jerusalém ocupava um lugar difícil de ser atacado pelos adversários. Dali, a monarquia de Israel se sentia consideravelmente segura contra ataques. De acordo com Lawrence (2008), não demorou muito e Davi sentiu a necessidade de transformar Jerusalém, além de centro político, em **centro religioso**. Até então, vários lugares que haviam tentado ser esse centro mostraram-se ineficientes, por privilegiar uma ou outra tribo. Para tanto, Davi trouxe a arca da aliança para a capital e planejou a construção do Templo de Jerusalém. Ele ambicionava construir o santuário, mas Deus lhe fechou essa porta. Então, contentou-se em juntar o material necessário para construir uma das maiores e mais influentes construções do mundo antigo, honra que coube a seu filho.

Boa parte do reinado de Davi caracterizou-se por grandes sucessos. Beaumont (2012, p. 43) assinala: "Davi tanto ampliou quanto fortificou as fronteiras de Israel durante o seu reinado (1010-970 a.C.)". Ele confirmou as conquistas de Saul, conquistou novas cidades, expulsou adversários, ampliou fronteiras e dominou pequenos Estados em torno de Israel.

Mapa 3.2 – Mapa da Palestina nos tempos de Davi e conforme os relatos que constam em II Samuel e I Crônicas

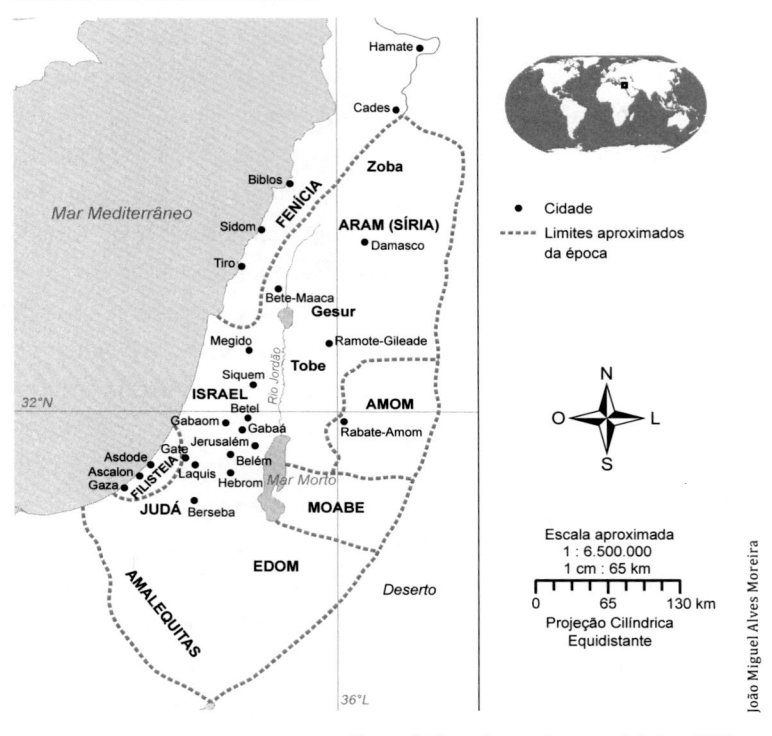

Fonte: Elaborado com base em Schultz, 1983.

Davi também agradou o povo ao governar com grandes preocupações sociais:

- liderou com um pequeno grupo de assistentes, atenuando o peso da monarquia sobre o povo: um secretário (Josafá), um secretário particular (Ozai), um conselheiro (Aquitofel), um chefe do exército (Joabe) e um chefe da guarda (Banaías);
- não se preocupava em erguer grandes construções;

- manteve um exército pessoal, dispensando a convocação dos membros das tribos – o povo, sob certa óptica, foi dispensado do serviço militar;
- procurou reverter os impostos arrecadados diretamente para a nação, na forma de proteção militar e manutenção da paz.

As Escrituras Sagradas referem-se a Davi como *o homem segundo o coração de Deus* (I Samuel 13: 14). Mesmo semelhante homem, entretanto, era passível de queda – que, como uma triste nota na sinfonia da nação, ocorreu quando o rei cometeu adultério e ordenou um homicídio.

Crimes assim, em outras nações, poderiam ser comuns aos monarcas. Israel, porém, deveria ser uma nação diferente. Suas leis, que determinavam as práticas interpessoais, tinham origem no próprio Deus. Um crime contra a outra pessoa não era uma transgressão meramente social, mas divina. Eis o respectivo relato bíblico:

> *Depois de um ano, no tempo em que os reis saem para guerrear, Davi enviou Joabe, juntamente os seus servos com ele e todo o Israel; e eles destruíram os amonitas, e sitiaram Rabá. Mas Davi permaneceu em Jerusalém. Aconteceu que, à tarde, Davi se levantou do seu leito e se pôs a passear no terraço da casa real; e viu do terraço uma mulher que estava se lavando; e a mulher era muito bonita. E Davi mandou perguntar a respeito da mulher, e lhe disseram que ela era Bate-Seba, filha de Elã, mulher de Urias, o heteu. Então Davi enviou mensageiros para buscá-la; e ela veio a ele, e ele se deitou com ela, e quando se purificou da sua impureza, ela voltou para sua casa. E a mulher engravidou; e mandou cientificar a Davi, dizendo: Estou grávida.* (II Samuel, 11: 1-5)

Após ter cometido adultério com a mulher de Urias, Davi desencadeou uma série de consequências desastrosas para seu governo. Seguiu-se um desmoronamento familiar e governamental. Beaumont (2013) elenca alguns de seus **fracassos**:

- **Fracasso na vida pessoal**
  - Adultério com Bate-Seba (II Samuel, 11).
- **Fracasso na vida familiar**
  - Incesto entre seus filhos (II Samuel, 13: 1-22).
  - Assassinato entre os filhos (II Samuel, 13: 23-39).
  - Traição de seu filho Absalão, motivado pelo trono e poder na hora da sucessão (II Samuel, 15; 17 a 19). Davi sofreu terrivelmente por sua morte: "Então, o rei, profundamente comovido, subiu à sala que estava por cima da porta e chorou; e, andando, dizia: Meu filho Absalão, meu filho, meu filho Absalão! Quem me dera que eu morrera por ti, Absalão, meu filho, meu filho!" (II Samuel, 18: 33).
- **Fracasso na liderança**
  - Recenseamento com consequências desastrosas (II Samuel, 24).
  - Falha na sucessão ao trono após sua morte (I Reis, 1: 28-53).

Por outro lado, Beaumont (2013) também destaca que o reinado de Davi proporcionou significativas **conquistas**:

- Unificação da nação (II Samuel, 5: 3).
- Estabelecimento de uma nova capital (II Samuel, 5: 6-10), que permanece até os dias atuais.
- Reconhecimento por parte de outras importantes nações (II Samuel, 5: 11-12).
- Subjugamento dos filisteus, que sempre foram forte oposição ao povo de Deus (II Samuel, 5: 17-25; 8: 1-14; 10)
- Transporte da arca para Jerusalém (II Samuel, 6).
- Escrita de salmos e incentivo à adoração.

Davi morreu aos 71 anos de idade, após reinar durante quatro décadas – sete anos em Hebrom e, por fim, 33 anos em Jerusalém: "Ora, Davi, filho de Jessé, reinou sobre todo o Israel. O tempo que reinou sobre Israel foi de quarenta anos: em Hebrom, sete; em Jerusalém, trinta e três. Morreu em ditosa velhice, cheio de dias, riquezas e glória; e Salomão, seu filho, reinou em seu lugar" (I Crônicas, 29: 16-28).

Como cantor, compôs muitos salmos inspirados, que figuram entre as mais amadas obras literárias do mundo, utilizados até hoje por judeus e cristãos (Lawrence, 2008; Beaumont, 2012). Sucedeu-o seu filho Salomão.

O esboço do reinado de Davi representa um arranjo cronológico dos acontecimentos registrados em II Samuel e I Crônicas, conforme sugerimos a seguir:

Quadro 3.1 – Cronologia dos acontecimentos de II Samuel e I Crônicas

| 1. O rei de Judá | II Samuel | I Crônicas |
|---|---|---|
| Fundo genealógico | | 1: 1 a 9: 44 |
| Lamentos de Davi pela morte de Saul | 1: 1-27 | 10: 1-14 |
| Desintegração da dinastia de Saul | 2: 1 a 4: 12 | |
| **2. Jerusalém – a capital nacional** | **II Samuel** | **I Crônicas** |
| A conquista de Jerusalém | 5: 1-9 | 11: 1-9 |
| A força militar de Davi | 23: 8-39 | 11: 10 a 12: 40 |
| Reconhecimento da Fenícia e da terra dos filisteus | 5.10-25 | 14: 1-17 |
| Jerusalém: centro da religião | 6: 1-23 | 13: 1-14<br>5: 1 a 16: 43 |
| Um trono eterno | 7: 1-29 | 17: 1-27 |

*(continua)*

*(Quadro 3.1 – conclusão)*

| 3. Prosperidade e supremacia | II Samuel | I Crônicas |
|---|---|---|
| Lista de nações conquistadas | 8: 1-13 | 18: 1-13 |
| Davi comparte sem responsabilidade e as bênçãos | 8: 15 a 9: 13 | 8: 14-17 |
| A fome | 21: 1-14 | |
| Derrota dos amonitas, sírios e filisteus | 10: 1-18 21: 15-22 | 14: 1-17 19: 1 a 20: 8 |
| Canto de libertação (Salmo 18) | 22: 1-51 | |
| **4. O pecado da família real** | **II Samuel** | |
| O crime de Davi e seu arrependimento | 11: 1 a 12: 31 | |
| O crime de Amnom e seus resultados | 13: 1-36 | |
| Derrota de Absalão na rebelião | 13: 37 a 18: 33 | |
| Davi recupera o trono | 19: 1 a 20: 26 | |
| **5. Passado e futuro** | **II Samuel** | **I Crônicas** |
| O pecado de fazer um senso do povo | 24: 1-25 | 21: 1-27 |
| Salomão encarrega a construção do templo | | 21: 28 a 22: 19 |
| Deveres dos levitas | | 23: 1 a 26: 28 |
| Oficiais civis | | 26: 29 a 27:34 |
| Últimas palavras de Davi | 23: 1-7 | |
| Morte de Davi | | 29: 22-30 |

### 3.4.3 Salomão

Trata-se do ponto culminante do período. Dotado por Deus de imensa sabedoria, Salomão assumiu o trono de Israel aos 20 anos e reinou durante outros 40. Beaumont (2013, p. 31) afirma que "os quarenta anos de reinado de Salomão deram a Israel a maior prosperidade e influência de sua história".

O início do governo de Salomão foi arrebatador, permeado por uma relação clara e profunda entre o rei e Deus. Logo após subir ao trono, quando perguntado por Deus o que desejava, pediu sabedoria. "Consciente de sua inexperiência e sentindo o peso das responsabilidades, Salomão pediu um coração discernente para governar o povo e distinguir entre o certo e o errado" (Lawrence, 2008, p. 72). Deus, assim, tornou-o o homem mais sábio de seu tempo, a ponto de atrair pessoas de muito longe a Israel para o conhecerem e lhe pedirem conselhos (I Reis, 4: 34).

Após um período de crise para a confirmação do reinado, quando outros candidatos ao trono ainda tentavam tomar o poder, Salomão iniciou um dos mais esplendorosos governos da história da nação de Israel:

- administração eficiente;
- culto luxuoso;
- grandiosas construções;
- desenvolvimento territorial;
- balança comercial equilibrada entre exportação e importação; e
- boas relações diplomáticas com as outras nações.

O governo de Salomão caracterizou-se por enormes riquezas e honrarias oriundas de diversas partes do mundo. Gusso (2003, p. 63) ressalta que o período do reinado de Salomão foi marcado por "uma trajetória de glória, paz e muito progresso material". Para governar, o rei ampliou sua força armada, com carros de guerra e cavaleiros – o que, certamente, encareceu os gastos públicos, pois semelhante aparato precisava ser sustentado por impostos, gerando "um alto preço social a ser pago por grande parte da população" (Gusso, 2003, p. 63).

Seu maior projeto, entretanto, foi a construção do **Templo de Jerusalém**, uma das maravilhas do mundo antigo, cuja construção é descrita por quase metade da narrativa bíblica a respeito de seu governo. Para essa construção, que "levou sete anos para ser concluída" (Beaumont, 2012, p. 49), foram necessários aproximadamente 3 mil capatazes, 550 superintendentes e 150 mil trabalhadores diretos e indiretos.

Repetindo a sina de Saul e Davi, o fim do governo de Salomão não foi dos mais agradáveis – a bem da verdade, foi trágico. Beaumont (2012, p. 48) afirma que, em Salomão, é possível perceber "a insensatez de um sábio". O mesmo homem que consagrou o Templo de Jerusalém ao Senhor transformou-se em um idólatra colecionador de mulheres, cujo harém chegou a ter 700 esposas e 300 concubinas.

Além de tolerar o culto a outros deuses, o próprio Salomão o praticou, pois, "infelizmente, observa-se que, ao final de sua carreira, Salomão se tornou um idólatra" (Gusso, 2003, p. 68). Uma das divindades que ele honrou foi Astarote, a deusa fenícia da fertilidade. Ele ainda construiu local de veneração para Moloque, deus dos amonitas, e Camos, deus dos moabitas (Gusso, 2003).

Somada à idolatria, a opressão social caracterizou o fim do governo de Salomão. Afinal, alguém precisava pagar a conta de tamanho grau de riqueza, luxo e opulência. Quem normalmente o faz é o povo, em forma de impostos, tributos ou trabalhos forçados. A mola propulsora do desenvolvimento se tornou, então, pesada demais para os trabalhadores e camponeses de Israel, sobretudo os habitantes das tribos do norte, onde a riqueza chegava em conta-gotas. "À medida que suas despesas se tornaram altas, Salomão aumentou a tributação, levando seus súditos a pagar impostos pesados e reorganizando a terra em doze distritos administrativos, cada um com seu próprio governador. Cada distrito era responsável por suprir a Corte durante um mês" (Lawrence, 2008, p. 73).

O relato bíblico também detalha essa realidade de **opressão** no que diz respeito à mão de obra trabalhadora de Israel: "O rei

Salomão recrutou trabalhadores de todo Israel, e eram trinta mil trabalhadores. E os mandou ao Líbano; cada mês dez mil por turno; um mês cada turno em sua casa; e Adonirão conduzia os trabalhadores" (I Reis, 5: 13-14).

O peso dessa administração, seguramente, tornou-se insuportável para um país pequeno como Israel. Logo após a morte de Salomão, o povo clamou por um reinado menos opressivo. Roboão, seu filho, não atendeu aos reclames populares, impulsionando a divisão definitiva da nação.

A partir de então, o povo de Deus passou a ser designado por dois nomes: *Reino do Norte* e *Reino do Sul*. O primeiro se refere às tribos que se separaram da família davídica. É o maior, formado por cerca de 10 das 12 tribos de Israel. O outro, menor, é constituído pelas tribos de Judá e Benjamim, que apoiavam Roboão, filho de Salomão. As Escrituras usam os nomes de *Israel* e *Judá* para se referir aos reinos do Norte e do Sul, respectivamente. Este, entretanto, é o assunto do próximo capítulo.

Quadro 3.2 – Reinado de Davi

| 1. Salomão estabelecido como rei | I Reis | II Crônicas |
|---|---|---|
| Salomão emerge como governante único | 1: 2-46 | |
| Oração pela sabedoria em Gabaom | 3: 1-15 | 1: 1-13 |
| Sabedoria na administração | 3: 16 a 4: 34 | |
| Comércio e prosperidade | | 1: 14-17 |
| **2. O programa da construção** | **I Reis** | **II Crônicas** |
| O Templo de Jerusalém | 5: 1 a 7: 5 | 12: 1 a 5: 1 |
| Palácio de Salomão | 7: 1-8 | |
| Dedicação do templo | 8: 1 a 9: 9 | 5: 2 a 8:16 |
| Estabelecimento com Hiram de Tiro | 9: 10-25 | |

*(continua)*

*A conquista de Canaã e a criação de um reino unido*

*(Quadro 3.2 – conclusão)*

| 3. Relações internacionais | I Reis | II Crônicas |
|---|---|---|
| Aventuras navais em Eziom-Geber | 9: 26-28 | 8: 17-18 |
| A rainha de Sabá | 10: 1-13 | 9: 1-12 |
| Tributos e comércio | 10: 14-29 | 9: 13-31 |
| **4. Apostasia e morte** | **I Reis** | **II Crônicas** |
| As esposas estrangeiras e a idolatria | 11: 1-8 | |
| Juízo e adversários | 11: 9-43 | |

**Saiba mais**

## Israel como reino unido

- Época: 1050-931 a.C.
- Regime: monarquia, com os reis Saul, Davi e Salomão.
- Sistema: tributário, em que os impostos sustentam a nação.
- Religião: adoração a Javé. Culto sofisticado em Jerusalém.
- Construção do Templo.
- Crise: muitos conflitos internos e poucos conflitos externos.
- O povo é explorado por uma carga excessiva de impostos.

*Fonte: SBB, 2008.*

Salomão legou um imenso número de provérbios, encontrados nos livros de Provérbios, Eclesiastes e Cantares de Salomão.

O fim de seu reinado foi melancólico, afundado na poligamia e na idolatria – hábitos, na verdade, mutuamente ligados. Gusso (2003, p. 67-68) pontua: "Não é fácil de se compreender como que um homem tão sábio e que atingiu tanto sucesso veio a falhar, como ele falhou, em pontos básicos, ao final de sua vida. Mas a Bíblia, de forma muito clara e corajosa, mostra o que aconteceu".

De fato, as Escrituras atribuem seu afastamento de Deus aos casamentos políticos com estrangeiras que o induziram a reverenciar outros deuses. Com isso, o homem que edificou o primeiro grande templo de Israel acabou sua vida erguendo altares aos ídolos de outras nações, pecado cuja consequência foi a divisão do reino.

## Atividades

1. O povo de Israel peregrinou por muitos anos no deserto antes de conquistar a terra prometida. Descreva alguns momentos de rebeldia que retardaram essa conquista.

2. Por que Josué foi o escolhido para assumir a liderança do povo após a morte de Moisés? Quais foram seus diferenciais?

3. Por que o tempo dos juízes foi um período crítico na história de Israel? Qual era a função dos juízes investidos por Deus?

4. Como foram o início e o fim do reinado de Saul? Indique seus pontos positivos e negativos.

5. Como foram o início e o fim do reinado de Davi? Indique seus pontos positivos e negativos.

6. Como foram o início e o fim do reinado de Salomão? Indique seus pontos positivos e negativos.

*capítulo quatro*

## O reino dividido: Israel

# 04

Após a morte de Salomão, portanto, o reino hebreu cindiu-se em dois. Beaumont (2012, p. 52) ressalta: "Salomão construiu um reino impressionante, porém, ele mesmo plantou as sementes que levaram seu país à ruína". Tantos erros culminaram na revolta do povo e na consequente **divisão do reino**. A história do povo de Deus, nesse ponto, passa a ser contada sob a perspectiva de duas realidades: o Reino do Norte (Israel, com capital em Samaria) e o Reino do Sul (Judá, com capital em Jerusálem).

Considerável parte das mensagens dos profetas aborda o período em questão, que demarcou uma permanente divisão entre o povo. Neste capítulo, por seu turno, analisaremos cada monarca do **Reino do Norte**, isto é, **Israel**. Por vezes, obviamente, faz-se necessário analisar outros reinos contemporâneos até chegar ao último rei do Norte, Oséias, quando teve início o cativeiro assírio que acabou com Israel.

Figura 4.1 – Samaria: escombros da capital do reino de Israel

David Rabkin/Shutterstock

Para um detalhado esboço do relato bíblico referente ao período do reino dividido, vejamos o Quadro 4. 1, em que algumas datas são desconhecidas e outras, aproximadas.

Quadro 4.1 – Monarquia na Palestina desde Roboão até a queda de Jerusalém

| Data a.C. | Reino do Norte | Profetas | Reino do Sul | Assíria | Síria |
|---|---|---|---|---|---|
| 931 | Dinastia de Jeroboão | Aías | Roboão | | Rezom |
| | Jeroboão | Semaías | | | |
| | | Ido | Abias | | |
| 909 | Nadabe | | Asa | | Ben-Hadade |

*(continua)*

*O reino dividido: Israel*

*(Quadro 4.1 – continuação)*

| Data a.C. | Reino do Norte | Profetas | Reino do Sul | Assíria | Síria |
|---|---|---|---|---|---|
| | Dinastia de Baasa | Azarias | | | |
| | | Hanani | | | |
| | | Jeú | | | |
| | Elá | | | | |
| | (Zinri) | | | | |
| 885 | Dinastia de Onri | | | Assur--Nassir-Pal II | |
| | Onri (Tibni) | Elias | Josafá | | |
| | Acabe | Micaías | | | |
| | | Eliézer | | | |
| | Acazias | Eliseu | Jorão | Salmaneser III | |
| | Jorão | Joiada | Acazias (Jeoacaz/ Joacaz) | | |
| | | | | | Hazael |
| 841 | Dinastia de Jeú | | Atalia | | |
| | Jeú | Zacarias | Joás | | |
| | Joacaz | | Amazias | | Ben-Hadade |
| | Joás | Jonas | Azarias (Uzias) | | |
| | Jeroboão II | Oséias | | | |
| | Zacarias | Amós | | | |
| 752 | Últimos reis | | Jotão | | |

*(Quadro 4.1 – conclusão)*

| Data a.C. | Reino do Norte | Profetas | Reino do Sul | Assíria | Síria |
|---|---|---|---|---|---|
| | Salum | | | Tiglate-Pileser III | |
| | Menaém | Isaías – Obede | | | |
| | Pecaías | | Acaz | Salmaneser V | |
| | Peca | Miquéias | Ezequias | Sargão II | Rezim |
| | Oséias | | Manassés | Senaqueribe | |
| 722 | Queda de Samaria | | Amom | Esar-Hadom | |
| | | | Josias | Assurbanipal | |
| | | Jeremias | Joacaz | | |
| | | Hulda | Eliaquim (Jeoaquim) | | |
| 640 | | | Joaquim | Babilônia | |
| | | (Ezequiel) | Zedequias | Nabopolassar | |
| | | (Daniel) | | Nabucodonosor | |
| 586 | | | Queda de Jerusalém | | |

Fonte: Elaborado com base em Bíblia, 2008.

Para facilitar a localização temporal, eis um quadro com os nomes dos reis de Israel conforme cada contexto bíblico:

Quadro 4.2 – Reis do norte

| Reino do Norte | I Reis | II Reis |
|---|---|---|
| Jeroboão | 12: 25 a 14: 20 | |
| Nadabe | 15: 25-31 | |
| Baasa | 15: 32 a 16: 7 | |

*(continua)*

*O reino dividido: Israel*

*(Quadro 4.2 – conclusão)*

| Reino do Norte | I Reis | II Reis |
|---|---|---|
| Elá | 16: 8-20 | |
| Zinri | 16: 8-14 | |
| Onri | 16: 21-28 | |
| Acabe | 16: 29 a 22: 40 | |
| Acazias | 22: 51-53 | |
| Jorão (filho de Acabe) | | 1: 1-18<br>1: 17 a 8: 15<br>9: 1-37 |
| Jeú | | 10: 1-36 |
| Jeoacáz | | 13: 1-9 |
| Jeoás (filho de Jeoacáz) | | 13: 10-24 |
| Jeroboão II | | 14: 23-29 |
| Zacarias | | 15: 8-12 |
| Salum | | 15: 13-15 |
| Menaém | | 15: 16-22 |
| Pecaías | | 15: 23-26 |
| Peca | | 15: 27-31 |
| Oséias | | 17: 1-41 |

Fonte: Elaborado com base em Bíblia, 2008.

## Saiba mais

Israel teve 20 governantes no período de 210 anos, cada um de uma dinastia diferente, enquanto Judá teve 20 governantes no período de 345 anos, e todos de uma única dinastia – a descendência de Davi.

Fonte: Beaumont, 2012, p. 53.

## 4.1 Israel, o Reino do Norte

Gusso (2003, p. 79) contextualiza:

> A capital da parte do Norte foi estabelecida em Siquém. Depois passou para Penuel e, em seguida, para Tirza. Esta permaneceu, nesta condição, por algumas décadas, até que perdeu a posição para Samaria, a qual foi construída, como propriedade real, em um local neutro adquirido por Onri, quinto rei de Israel.

O Reino do Norte era formado pelas áreas ocupadas por dez tribos: Dã, ao norte, na base do Monte Hermon (refúgio devido à pressão de filisteus e cananeus nos tempos dos juízes); Aser, Naftali, Issacar, Zebulom, Manassés Ocidental (meia tribo), Efraim e parte de Benjamim, a oeste do Jordão; e Manassés Oriental (meia tribo), Gade e Rubem, a leste do Jordão (Lawrence, 2008).

Vale reiterar que a tribo de Levi não recebeu terra na divisão de Canaã por ser sacerdotal, mas 35 das 48 cidades dadas aos levitas localizavam-se na área do Reino do Norte.

Com o culto idólatra estabelecido por Jeroboão – primeiro governante do Reino do Norte – em Dã e Betel, muitos dos levitas retiraram-se para Judá:

> Também os sacerdotes e os levitas que havia em todo o Israel recorreram a Roboão de todos os seus limites, porque os levitas deixaram os arredores das suas cidades e as suas possessões e vieram para Judá e para Jerusalém, porque Jeroboão e seus filhos os lançaram fora, para que não ministrassem ao Senhor. Jeroboão constituiu os seus próprios sacerdotes, para os altos, para os sátiros e para os bezerros que fizera.
> (II Crônicas, 11: 13-15)

A inabilidade dos reis e as barreiras naturais – como o Vale do Jordão e as montanhas na vastidão dessa terra – prejudicaram a construção de uma sólida unidade política. Os reinos de Damasco, Hamate, Amon e Moabe se livraram do jugo hebreu e, sucessivamente, reconquistaram sua independência. Assim, os limites territoriais de Israel ao norte voltaram a ser o que eram antes da época de Davi.

A ascensão do Império Assírio (Beaumont, 2012) subjugou o Reino do Norte, cujo povo foi levado sob cativeiro em 722 a.C. (I Crônicas, 5: 26; II Reis, 17: 6) para nunca mais voltar às suas herdades.

> Pelo que o Deus de Israel suscitou o espírito de Pul, rei da Assíria, e o espírito de Tiglate-Pileser, rei da Assíria, que os levou cativos, a saber: os rubenitas, os gaditas e a meia tribo de Manassés, e os trouxe para Hala, Habor e Hara e para o rio Gozã, onde permanecem até ao dia de hoje. (I Crônicas, 5: 26)

Removida a população israelita, os reis assírios povoaram o território com gente de outras regiões conquistadas por seu império (II Reis, 17: 24-41), principalmente em Samaria e arredores (áreas de Efraim e Manassés), cuja mistura com os judeus remanescentes originou a raça dos samaritanos, que cresceu e tornou-se uma seita que adotava apenas o Pentateuco. Uma linha religiosa samaritana construiu um templo de adoração no Monte Gerizim, criando um sincretismo religioso inteiramente condenado e hostilizado pelos judeus (II Reis, 17: 33).

Mapa 4.1 – Império Assírio

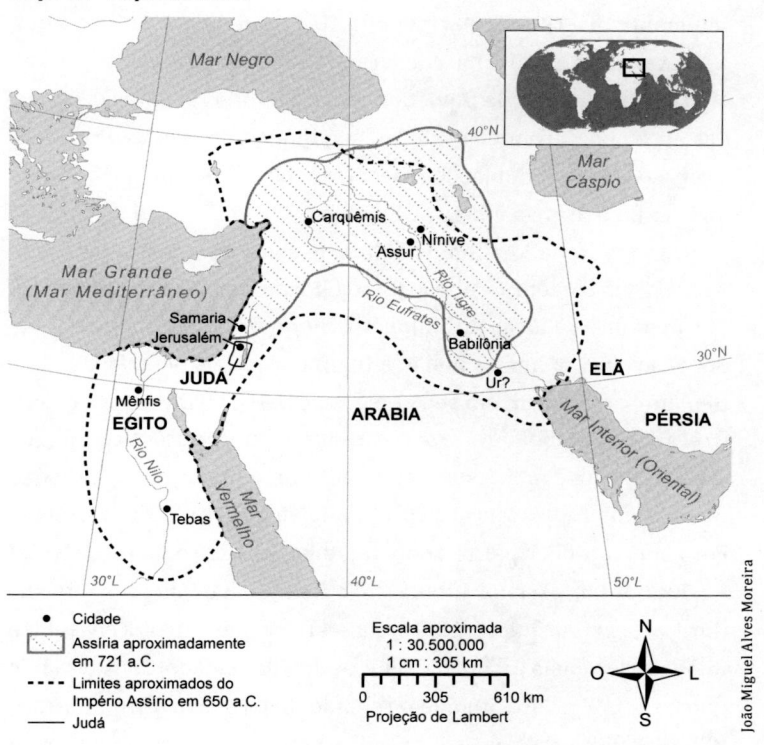

- Cidade
- Assíria aproximadamente em 721 a.C.
- - - - Limites aproximados do Império Assírio em 650 a.C.
— Judá

Escala aproximada
1 : 30.500.000
1 cm : 305 km
0   305   610 km
Projeção de Lambert

*Fonte: Elaborado com base em LDS, 2024a.*

## 4.1.1 Jeroboão

Jeroboão "foi o primeiro rei de Israel" (Gusso, 2003, p. 95) e governou durante 22 anos. Ele organizou um exército para enfrentar Roboão e os outros adversários que tentavam tirar proveito da separação. Distinguiu-se como um bom administrador no reinado de Salomão, supervisionando toda a construção da muralha de Jerusalém (I Reis, 11: 26-29).

*O reino dividido: Israel*

Quando Aías, o profeta, transmitiu a mensagem divina partindo seu manto em 12 pedaços e dando 10 a Jeroboão, significava que ele governaria as 10 tribos de Israel.

Diferentemente de Davi, também escolhido rei antes de ascender ao trono, Jeroboão manifestou sinais de rebelião e recebeu a reprovação de Salomão. Em decorrência disso, fugiu para o Egito, onde exilou-se até a morte de Salomão.

Quando Roboão, filho de Salomão, convocou uma assembleia nacional em Siquém, Jeroboão foi convidado como herói dos anciãos que pediam a redução dos impostos. Por ignorar o clamor, Roboão deparou-se com uma rebelião e fugiu para Jerusalém. Mas Judá e Benjamim correram em seu apoio, e as outras tribos, por sua vez, fizeram de Jeroboão rei. Foi o estopim de uma autêntica **guerra civil** e do consequente derramamento de sangue, até que Roboão deu ouvidos à advertência do profeta Semaías para reter suas forças. Foi a oportunidade para Jeroboão estabelecer-se como rei de Israel.

Embora os escritos bíblicos não indiquem explicitamente sua duração, em II Crônicas, 12: 15, constata-se que a guerra civil entre Roboão e Jeroboão perdurou todos os dias do reinado. Considerando que Galil (1996) aponta que o reinado de Jeroboão durou 22 anos (931 a.C.-909 a.C.), nota-se uma constante situação de guerra, inclusive nas cidades do Reino do Norte, atacadas por Sisaque. A agressividade de Roboão, contudo, foi indubitavelmente moderada pelo medo da ameaça de uma invasão egípcia.

Assim que Roboão morreu, Jeroboão atacou Judá, cujo novo rei era Abias, que rejeitara Israel até o extremo de tomar o controle de Betel e outras cidades israelitas (II Crônicas, 13: 13-20) – o que, certamente, infuenciou Jeroboão na escolha de uma capital. No princípio, Siquém foi escolhida e fortificada para tanto. Talvez a fortificação de Penuel, a leste do Jordão, possa ter sido erguida com vistas a essa possibilidade. Outro importante detalhe é que Jeroboão residiu na cidade de Tirza, também capital por um tempo (I Reis, 14: 17).

Mapa 4.2 – Reino dividido

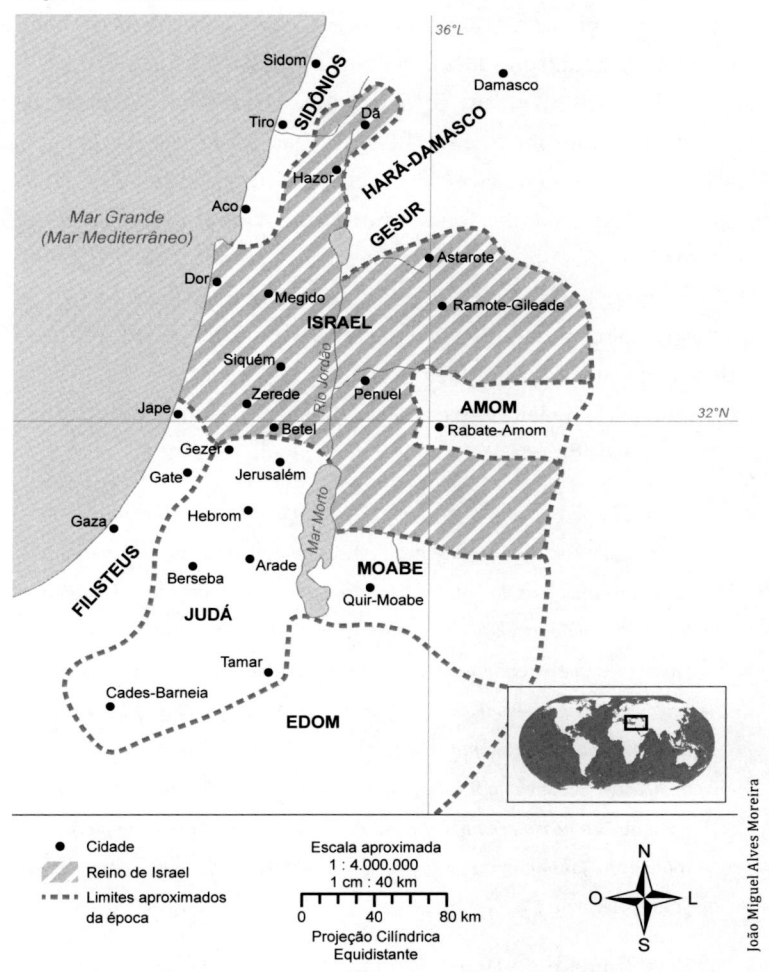

*Fonte: Elaborado com base em Biblioteca on-line, 2024.*

Ele promoveu as questões religiosas, mas, evidentemente, não quis que seu povo retomasse as celebrações das sagradas festividades de Jerusalém, caso restaurassem a aliança. Hubbard (1983) ressalta que Jeroboão foi o responsável por promover a idolatria e o sincretismo em Israel. Erigindo altares com bezerros de ouro em Dã e Betel, instaurou a **idolatria** em Israel (II Crônicas, 11: 13-15). Lawrence (2008, p. 78) ressalta que "resquícios dos centros religiosos de Jeroboão em Dã (Tell el Qadi) foram encontrados". Ali, Jeroboão nomeou sacerdotes consagrando-os livremente, ignorando as restrições de Moisés e permitindo que os israelitas oferecessem sacrifícios em vários lugares altos por todo o país. Na condição de sacerdote, além de oficiar ante o altar, ignorou o calendário litúrgico determinado por Deus, estabelecendo um novo dia de festa de acordo com sua vontade (I Reis, 12: 25-13: 34).

Sua agressividade em relação à religião só foi amenizada quando ele foi advertido por um profeta anônimo de Judá:

> *Eis que, por ordem do Senhor, veio de Judá a Betel um homem de Deus; e Jeroboão estava junto ao altar, para queimar incenso. Tendo o rei ouvido as palavras do homem de Deus, que clamara contra o altar de Betel, Jeroboão estendeu a mão de sobre o altar, dizendo: Prendei-o! Mas a mão que estendera contra o homem de Deus secou, e não a podia recolher. O altar se fendeu, e a cinza se derramou do altar, segundo o sinal que o homem de Deus apontara por ordem do Senhor.Então, disse o rei ao homem de Deus: Implora o favor do Senhor, teu Deus, e ora por mim, para que eu possa recolher a mão. Então, o homem de Deus implorou o favor do Senhor, e a mão do rei se lhe recolheu e ficou como dantes.*
> (I Reis, 13: 1, 4, 6)

Esse homem de Deus, de maneira intrépida, advertiu o rei, enquanto estava em pé queimando incenso diante do altar em Betel. O rei, na mesma hora, ordenou que fosse embargado. Mas a mensagem do profeta recebeu a devida confirmação de Deus no destroço do altar e na incapacidade do rei de retirar a mão que apontava para o homem de Deus. Repentinamente, a ordem do rei converteu-se em súplica. A mão de Jeroboão foi restaurada conforme o profeta falava com Deus. O rei quis recompensar o profeta, que recusou sua hospitalidade. O santo homem de Deus estava sob ordens divinas para dali sair imediatamente.

Enganado por um velho profeta de Betel, o jovem profeta de Judá aceitou ficar em casa e, assim, recebeu o juízo divino. Na volta ao lar, foi atacado e morto por um leão e levado a Betel para ser sepultado. Seu túmulo certamente serviu de lembrança para as gerações seguintes de que obedecer a Deus era fundamental – o que, sem dúvida, muito representou para Jeroboão.

Sicre (2008) ressalta ainda que dois outros avisos chegaram a Jeroboão pelo profeta Aías. Um deles quando seu filho, Abias, ficou gravemente enfermo e Jeroboão enviou sua esposa para consultar o profeta ancião em Siló. Embora disfarçada, o profeta cego a reconheceu de imediato, enviando-a de volta a Tirza com a triste mensagem de que seu filho morreria. O profeta ainda a advertiu de que o desprezo pelos mandamentos de Deus precipitaria o juízo divino, o fim da dinastia de Jeroboão e o cativeiro dos israelitas. Antes que ela chegasse ao palácio, o menino morreu.

Mesmo diante de todas as advertências proféticas, Jeroboão continuou a prática da idolatria. Sicre lembra que, nesse sentido, "o compromisso do profeta não é com o rei, mas com a palavra de Deus" (2008, p. 237).

O fato é que a guerra civil debilitou tanto Israel que Jeroboão perdeu a cidade de Betel nos dias de Abias, o filho de Roboão, e, passados poucos anos, o terrível aviso do profeta cumpriu-se plenamente.

**Nadabe**, o filho de Jeroboão, "reinou por apenas dois anos" (Gusso, 2003, p. 97). Na ocasião em que sitiava a cidade filisteia de Gibetom, foi assassinado por Baasa. Os poucos relatos bíblicos sobre esse período podem ser encontrados em I Reis, 14: 20; 15: 25-28.

## 4.1.2 Baasa

Baasa, da tribo de Issacar, estabeleceu-se como rei sobre Israel em Tirza. "Seu pai se chamava Aías e era de família humilde. [Baasa] exterminou os descendentes de Jeroboão, esteve durante todo o seu reinado em atrito com o Reino de Judá, e deu prosseguimento à política religiosa implantada por Jeroboão" (Gusso, 2003, p. 96).

Mesmo com a guerra já crônica prevalecendo contra Judá pela totalidade do reino, uma terrível crise se estabeleceu quando ele tentou fortificar Ramá. Muitos abandonaram seu exército e fugiram para Judá em 896-895 a.C. "Congregou todo o Judá e Benjamim e também os de Efraim, Manassés e Simeão que moravam no seu meio, porque muitos de Israel desertaram para ele, vendo que o Senhor, seu Deus, era com ele" (II Crônicas, 15: 9).

Para equilibrar a situação, Baasa estendeu sua fronteira até Ramá, a 8 Km ao norte de Jerusalém. Ao ocupar essa cidade estratégica, pôde controlar as principais rotas que vinham do norte, convergiam em Ramá e levavam a Jerusalém. Por sua ação agressiva, Asa, rei de Judá, conseguiu uma vitória muito importante e diplomática, renovando sua aliança com Ben-Hadade I, de Damasco. Por conseguinte, Ben-Hadade anulou sua aliança com Israel e invadiu as terras de Baasa ao norte, assumindo o controle de cidades como Quedes, Hazor, Merom e Zefate. Ainda adquiriu a terra fértil e rica a oeste do Mar da Galileia, bem como as planícies a oeste do Monte Hebrom. Isso assegurou à Síria pleno domínio do lucrativo comércio das caravanas nas rotas para Acor, na costa fenícia. Em virtude da pressão procedente do norte, Baasa desistiu da fortificação de Ramá, aliviando a ameaça de Jerusalém.

No tempo de Baasa, Jeú, o profeta, filho de Hanani, andou proclamando veementemente a mensagem do Senhor (Sicre, 2008), aconselhando Baasa a servir a Deus, que o havia exaltado até o trono. Lamentavelmente, Baasa ignorou o profeta e persistiu no mesmo caminho errado em que andara Jeroboão.

Elá "chegou ao trono sucedendo seu pai, Baasa, e reinou menos de dois anos (886-885 a.C.)" (Gusso, 2003, p. 96). Encontrado bêbado na casa de seu mordomo-chefe, Elá foi assassinado por Zinri, que estava no comando dos carros reais de combate. Não demorou muito e a palavra de Jeú cumpriu-se, ao perecerem assassinados por Zinri todos os parentes e amigos da família de Baasa e Elá (Sicre, 2008).

### 4.1.3 Zinri

O reinado de Zinri em Israel foi estabelecido às pressas e acabou de forma igualmente rápida, em meros sete dias. Certamente, houve falhas em expor seus planos a Onri, que estava à frente das tropas israelitas acampadas contra Gibetom. Zinri não contava com o apoio de Onri, cujas tropas marcharam contra Tirza.

Em meio ao desespero, Zinri trancou-se no palácio real, enquanto este era reduzido a cinzas (Gusso, 2003).

### 4.1.4 Onri

Onri assumiu o governo de Israel e deu início a uma das mais longevas e consistentes dinastias do Reino do Norte. "Ainda que a Bíblia dedique a ele tão poucos versículos, foi um dos principais reis de Israel, estabelecendo a dinastia de maior influência" (Gusso, 2003, p. 96).

De fato, durante seu governo, Onri "proporcionou **estabilidade** relativa a Israel" (Lawrence, 2008, p. 82, grifo nosso). Samaria foi definida como capital, tornando-se a cidade mais bem fortificada de todo o país. Muitas relações com outras nações foram firmadas por Onri, angariando à nação certo prestígio internacional, a exemplo da Fenícia. Com tais acordos, Israel acumulou grandes riquezas (Gusso, 2003; Lawrence, 2008).

Durante o governo de Onri, as relações com Judá migraram da guerra para a paz. Muitos casamentos foram feitos entre as duas famílias reais para selar a amizade entre os países. Apesar do sucesso nas questões internacionais, Onri fracassou como líder espiritual da nação, mantendo e até intensificando a idolatria que reinava entre seus antecessores. Gusso (2003, p. 97) resume muito bem a questão ao afirmar que "seu reinado foi uma época de prosperidade material acompanhada por decadência religiosa".

**Acabe**, filho de Onri, destacou-se ainda mais do que o pai. Durante 22 anos, as fronteiras políticas e comerciais de Israel foram ampliadas diligentemente. Além da capital, Samaria, muitas cidades foram construídas e fortificadas durante seu governo.

Como parte de acordos internacionais, Acabe se casou com Jezabel, de Sidom. Lawrence (2008) ressalta que, com ela, foi introduzido o culto formal e oficial a Baal, em Israel, cuja adoração foi permitida e, sobretudo, promovida por Acabe. Foram construídos templos e sacerdotes foram consagrados e mantidos pelo trono. Jezabel queria tornar o baalismo a religião oficial de Israel. A Bíblia registra que o rei Acabe agiu mal perante o Senhor, mais do que todos os que o precederam (I Reis, 16: 30). Sicre (2008) e Gusso (2003) lembram que semelhante situação não ficaria sem uma palavra de confronto, que veio do profeta Elias. Um dos momentos mais marcantes e dramáticos desse enfrentamento aconteceu entre 450 profetas de Baal e Elias no Monte Carmelo, cujo desfecho é a matança de todos os seguidores de Baal.

Nos dias de Acabe, a Síria, com capital em Damasco, manteve fortes relações, amistosas ou não, com Israel e Judá. Os três Estados empregavam intensos esforços para conter o duradouro crescimento da Assíria. Mas os sírios, em uma atabalhoada campanha israelita, mataram Acabe (Gusso, 2003).

**Acazias**, filho de Acabe, sucedeu-o no trono, mas não governou por mais do que um ano. Gusso (2003, p. 97) lembra que "Acazias, possivelmente por influência de sua mãe Jezabel, era um grande adorador de Baal". Segundo Waite (1983), Acazias morreu depois de um fatídico acidente, ao cair pelas grades de um quarto alto em Samaria.

**Jorão**, outro filho de Acabe, assumiu o trono e conseguiu reinar por 12 anos, durante os quais Eliseu realizou os principais atos de seu ministério, na direção da escola de profetas, no aconselhamento do rei e na ministração ao povo. Nesse sentido, Gusso (2003, p. 97) lembra que "o relato de sua história, na Bíblia, está misturado com histórias do profeta Elias".

Durante seu reinado, a guerra contra a Síria prevaleceu. Em uma das batalhas, Jorão ficou gravemente ferido e "acabou sendo assassinado por Jeú que, por ordem do profeta Eliseu, havia sido ungido rei sobre Israel" (Gusso, 2003, p. 97). De fato, Eliseu coordenou a sucessão e enviou um de seus discípulos para ungir Jeú, capitão do exército, como rei.

### 4.1.5 Jeú

O primeiro ato de governo de Jeú foi exterminar completamente todos os membros da família de Jorão, inclusive sua mãe, Jezabel, colocando fim à dinastia de Onri.

> *Então, disse ele: Lançai-a daí abaixo. Lançaram-na abaixo; e foram salpicados com o seu sangue a parede e os cavalos, e Jeú a atropelou. Entrando ele e havendo comido e bebido, disse: Olhai por aquela maldita*

*e sepultai-a, porque é filha de rei. Foram para sepultá-la; porém não acharam dela senão a caveira, os pés e as palmas das mãos.* (II Reis, 9: 33-35)

Mas Jeú não se limitou a essas mortes: avançou e "também matou Acazias, rei de Judá" (Lawrence, 2008, p. 83). Um golpe sangrento, conforme adverte Lawrence (2008), ocorreu em Israel. Jeú, marchando rumo a Samaria, matou os 70 filhos da família de Acabe e coordenou a execução de todos os entusiastas de Baal revelados nas celebrações comunitárias e festivas realizadas no templo erigido por Acabe. Uma vez que religião e política estavam tão intimamente fundidas pela dinastia onrida, a destruição brutal do baalismo foi uma questão de praticidade e conveniência para Jeú.

De acordo com Lawrence (2008) e Gusso (2003), Jeú em seguida enfrentou problemas de todos os lados. Ao exterminar a dinastia onrida, perdeu o apoio de Judá e da Fenícia, cujas famílias reais eram profundamente ligadas a Jezabel. Também não se uniu a Hazael, o novo rei sírio, opondo-se ao progresso assírio pelo oeste. Depois de cinco ataques inúteis a Damasco, Salmaneser III, rei da Assíria, conduziu seus exércitos até o norte de Beirute, na costa do Mediterrâneo, e recebeu tributos de Tiro e Sidom, similares aos do rei de Israel. Com essa ação de conciliação, Jeú detém a invasão assíria a Israel, mas incorreu no desagrado de Hazael, por ter aplacado Salmaneser III.

Nos primeiros anos desse período (841-837 a.C.), Hazael conseguiu resistir à agressão assíria por si só. Ao tempo em que foram conquistadas algumas das cidades do norte, Damasco se manteve com êxito em meio à crise. Por quase duas décadas, os assírios não renovaram seus ataques, permitindo que Hazael dirigisse todo o seu poderio militar para o sul, em uma manobra para reiniciar sua guerra contra Israel. Assim, os sírios ocuparam as terras de Gileade e Basã, a leste do Jordão.

*Naqueles dias, começou o Senhor a diminuir os limites de Israel, que foi ferido por Hazael em todas as suas fronteiras, desde o Jordão para o nascente do sol, toda a terra de Gileade, os gaditas, os rubenitas e os manassitas, desde Aroer, que está junto ao vale de Arnom, a saber, Gileade e Basã.* (II Reis, 10: 32-33)

Tendo ascendido ao trono de Israel por meios sangrentos, Jeú não foi capaz de unificar suficientemente a nação para enfrentar o poderio de Hazael. Durante todos os dias de Jeú, houve perseguição a Israel por parte do rei sírio. Embora tenha suprimido o baalismo, Jeú não primou por determinar o respeito à lei de Deus no âmbito religioso. A idolatria ainda prevalecia, de Dã a Betel; daí o aviso da parte de Deus de que seus filhos e sucessores reinariam apenas até a **quarta geração**.

**Jeoacaz**, filho de Jeú, durante os 16 anos de seu reinado (814 a.C.-798 a.C.), enfrentou o mesmo rei sírio. Hazael obteve vantagem sobre o novo governante de Israel e estendeu o domínio sírio até as colinas de Efraim. O relato bíblico atesta:

*No vigésimo terceiro ano de Jeoás, filho de Acazias, rei de Judá, começou a reinar Jeoacaz, filho de Jeú, sobre Israel, em Samaria, e reinou dezessete anos. E fez o que era mau perante o Senhor; porque andou nos pecados de Jeroboão, filho de Nebate, que fez pecar a Israel; não se apartou deles. Pelo que se acendeu contra Israel a ira do Senhor, o qual os entregou nas mãos de Hazael, rei da Síria, e nas mãos de Ben-Hadade, filho de Hazael, todos aqueles dias. Porém Jeoacaz fez súplicas diante do Senhor, e o Senhor o ouviu; pois viu a opressão com que o rei da Síria atormentava a Israel. O Senhor deu um salvador a Israel, de modo que os filhos de Israel saíram de sob o poder dos sírios e habitaram, de novo, em seus lares, como dantes.* (II Reis, 13: 1-5)

Gusso (2003, p. 98) lembra que o exército de Israel foi reduzido a "cinquenta cavaleiros, dez carros de combate e dez mil soldados de infantaria", ao passo que, no tempo de Acabe, havia dois mil carros de combate na Batalha de Qarqar. Hazael, a propósito, avançou além de Israel para capturar Gate e foi uma ameaça em relação à conquista de Jerusalém, durante o reinado de Jeoacaz. "Então, subiu Hazael, rei da Síria, e pelejou contra Gate, e a tomou; depois, Hazael resolveu marchar contra Jerusalém" (II Reis, 12: 17).

A absorção gradual de Israel pela Síria enfraqueceu o Reino do Norte até o extremo de Jeoacaz ser incapaz de resistir a outras invasões. Os povos vizinhos – edomitas, amonitas, filisteus etírios – também tiraram vantagem dos apuros de Israel, conforme consta em Amós, 1: 6-15 e Isaías, 9: 12.

Sob grande pressão estrangeira, Jeoacaz voltou-se para Deus; e Israel não sucumbiu completamente ao jugo sírio. A despeito de semelhante alívio, não abandonou por completo a idolatria de Jeroboão, nem destruiu os aserins na Samaria (II Reis, 13: 1-9).

**Jeoás**, o terceiro rei da dinastia de Jeú, filho de Jeoacaz, governou Israel durante 16 anos (798 a.C.-782 a.C.). "No trigésimo sétimo ano de Jeoás, rei de Judá, começou Jeoás, filho de Jeoacaz, a reinar sobre Israel, em Samaria; e reinou dezesseis anos" (II Reis, 13: 10).

Ele "aproveitou a fase de decadência pela qual passava a Síria para estabilizar o seu governo e fazer uma boa administração" (Gusso, 2003, p. 98). Assim, com a morte de Hazael, foi possível iniciar a **restauração de Israel**. O profeta Eliseu ainda era vivo quando Jeoás subiu ao trono (Sicre, 2008). O silêncio das Escrituras sugere que tanto Jeú quanto Jeoacaz não tiveram muito a fazer com Eliseu.

Quando o profeta Eliseu estava às portas da morte, Jeoás ascendeu ao trono. Chorando, o rei expressou seu temor pela segurança de Israel. No leito de morte, Eliseu instruiu o rei, de maneira dramática, para que disparasse sua flecha, assegurando-lhe que o gesto significaria a vitória de Israel sobre a Síria. O último milagre associado a Eliseu aconteceu após sua morte, quando um homem morto foi lançado à tumba do profeta durante um ataque dos moabitas e devolvido à vida.

A alternância de reis na Síria deu a Jeoás condições de reconstruir uma grande força de combate. Ben-Hadade II foi colocado, definitivamente, em uma posição defensiva, ao passo que Jeoás reconquistou vários territórios ocupados pelos sírios sob Hazael. A recuperação do território a leste do Jordão não ocorreu à época de seu sucessor, mas foi, sem dúvida, um período de preparação no qual Israel acumulou poder e prestígio.

Durante o reinado de Jeoás, Amazias, rei de Judá, convocou um exército mercenário israelita para endossar a luta contra os edomitas; no entanto, seguindo o conselho de um profeta, dispensou-o antes da batalha.

> Também tomou de Israel a soldo cem mil homens valentes por cem talentos de prata. Porém certo homem de Deus veio a ele, dizendo: Ó rei, não deixes ir contigo o exército de Israel; porque o Senhor não é com Israel, isto é, com os filhos de Efraim. Porém vai só, age e sê forte; do contrário, Deus te faria cair diante do inimigo, porque Deus tem força para ajudar e para fazer cair. (II Crônicas, 25: 6-8)

Ao retornar a Israel, esses mercenários rapinaram as cidades na rota desde Bete-Horom até Samaria, matando três mil pessoas. "Porém os homens das tropas que Amazias despedira, para que não fossem com ele à peleja, deram sobre as cidades de Judá, desde Samaria até Bete-Horom; feriram deles três mil e fizeram grande despojo" (II Crônicas, 25: 13).

Regressando em triunfo da vitória edomita, Amazias desafiou Jeoás para a batalha, que respondeu com uma advertência ilustrando um diálogo entre um espinheiro (cardo) e um cedro: "Porém Jeoás, rei de Israel, respondeu a Amazias, rei de Judá: O cardo que está no Líbano mandou dizer ao cedro que lá está: Dá tua filha por mulher a meu filho; mas os animais do campo, que estavam no Líbano, passaram e pisaram o cardo" (II Crônicas, 25: 18).

Evidentemente, Amazias não compreendeu o significado de tais palavras. No encontro militar, Jeoás não só derrotou Amazias como invadiu Judá, destruiu parte dos muros de Jerusalém, o palácio e o templo e tomou reféns quando voltou a Samaria. Sincronizando a cronologia do período, alguns teólogos afirmam que essa batalha foi travada em 791-790 a.C. Embora Jeoás tenha sentido-se triste pela perda de Eliseu, nunca se interessou honestamente em servir a Deus; ao contrário, continuou a percorrer seu caminho idolátrico. Seu breve reinado é o **divisor de águas** da prosperidade de Israel, como o profeta Eliseu havia predito.

**Jeroboão II**, bisneto de Jeú e quarto governante da dinastia, foi o rei mais sobressalente do Reino do Norte (Lawrence, 2008). Jeroboão II "reinou quarenta e um anos (793 a.C.-753 a.C.), doze destes ao lado de seu pai Jeoás" (Gusso, 2003, p. 98). Na época em que assumiu o poder absoluto do reino (781 a.C.), encontrou condições favoráveis para a expandi-lo, conquistando "grande parte da Síria para Israel" (Lawrence, 2008, p. 83).

Assim como no caso de Onri, o rei mais forte antes dele, a historiografia de Jeroboão II é muito sucinta nas Escrituras (II Reis, 14: 23-29). A vasta expansão política e comercial ocorrida com Jeroboão II está resumida na profecia de Jonas, filho de Amitai, que pode ter sido o tal profeta de mesmo nome enviado a Nínive. "Veio a palavra do SENHOR a Jonas, filho de Amitai, dizendo: Dispõe-te, vai à grande cidade de Nínive e clama contra ela, porque a sua malícia subiu até mim" (Jonas, 1: 1-2). Jonas profetizou que Jeroboão restauraria Israel desde o Mar Morto até Hamate.

Concordando com Lawrence (2008), fontes seculares confirmam o relato bíblico de que Ben-Hadade II não foi capaz de manter o reino estabelecido por seu pai, Hazael. Os ataques à Síria executados por Hadade-Nirari III (805 a.C.-802 a.C.) e Salmaneser IV enfraqueceram consideravelmente a expansão assíria. Além disso, Zakir de Hamate formou uma poderosa coalizão que derrotou Ben-Hadade II e consolidou a **independência da Síria** durante todo o período. Tal situação propiciou a Jeroboão a oportunidade de recuperar o território a leste do Jordão, que os sírios controlavam havia quase 100 anos. Depois de 773 a.C., os reis assírios estiveram tão ocupados com as questões locais e nacionais que não ousaram realizar qualquer avanço sobre o território palestino, até depois da época de Jeroboão. Gusso (2003) aponta que, em consequência disso, o reino israelita experimentou uma **prosperidade pacífica** e sem par desde os tempos de Davi e Salomão.

A cidade de Samaria, fundada por Onri, foi fortificada por Jeroboão II. A muralha de proteção foi alargada em até 10 m em alguns lugares estratégicos. As fortificações estavam tão bem construídas que, quase meio século mais tarde, os assírios levaram três anos para conquistar a cidade.

Amós e Oséias, chamados de *profetas menores*, relatam a prosperidade do reinado de Jeroboão II em Amós, 6: 4-6. O êxito militar e comercial levou Israel a um período de abundância e riqueza. Tamanho luxo acarretou o declínio moral e um arrefecimento do espírito religioso, tudo denunciado veementemente pelos profetas. Jeroboão II fizera o que era mau aos olhos do Senhor e, assim, precipitara Israel no pecado, à semelhança do primeiro rei de Israel.

Quando Jeroboão II morreu, em 753 a.C., foi sucedido por seu filho **Zacarias**, cujo reinado, todavia, durou apenas seis meses (Lawrence, 2008). Ele foi assassinado por Salum (II Reis, 15: 8-12), assinalando o abrupto fim de uma era para se cumprir o previsto, pois "o Senhor tinha dito a Jeú que sua dinastia duraria apenas quatro gerações" (Lawrence, 2008, p. 83).

O povo, ouvindo Amós e Oséias, comprovou precocemente o juízo que ameaçava recair sobre Israel. Em um período de apenas três décadas (752 a.C.-722 a.C.), o poderoso Reino do Norte deixou de existir como nação independente e, sob a expansão do Império Assírio, capitulou para jamais tornar a ser um reino israelita.

### 4.1.6 Salum

Em 752 a.C., Salum teve "o segundo mais breve reinado em Israel" (Gusso, 2003, p. 99) – depois, é claro, do governo de sete dias de Zinri. Após matar Zacarias e ocupar o trono, governou durante apenas um mês e "foi assassinado por Menaém" (Gusso, 2003, p. 99). Não há registro de qualquer ação digna de nota.

### 4.1.7 Menaém

Menaém (752-741 a.C.) teve propósitos melhores e governou por cerca de dez anos. A **crise política** que se aproximava era gigantesca. O Império Assírio cresceu e ameaçou tragar Síria, Israel, Judá e quaisquer outros que lhe atravessassem o caminho. Pouco se conhece da política de Menaém, exceto que perseverou na idolatria de Jeroboão I. Contudo, Gusso (2003, p. 99) afirma que Menaém "era um militar que chegou ao trono matando o usurpador Salum".

Entretanto, de acordo com Douglas (1983), o problema mais sério de Menaém foi a agressão assíria. Em 745 a.C., Tiglate-Pileser III ou Pul iniciou seu governo na Assíria como um dos mais poderosos reis da nação. Aterrorizava as demais nações introduzindo o sistema de apoderar-se das pessoas de territórios conquistados e removê-las de lugar a longas distâncias. Cidadãos eminentes e oficiais políticos eram substituídos por estrangeiros para impedir a possibilidade de qualquer rebelião após a conquista. No período entre 743 e 738 a.C., Tiglate-Pileser III empreendeu uma campanha rumo ao noroeste, que atingia a Palestina. Evidências arqueológicas favorecem a teoria de que Uzias, rei de Judá, conduziu as forças da Ásia Ocidental contra o poderoso avanço assírio. Nas crônicas assírias, por seu turno, Menaém é citado como tendo sido reposto ao trono sob a condição de que pagasse tributos (Gusso, 2003). Menaém morreu em paz, deixando seu filho na liderança do Reino do Norte.

> Subindo de Tirza, Menaém, filho de Gadi, veio a Samaria, feriu ali a Salum, filho de Jabes, matou-o e reinou em seu lugar. Quanto aos mais atos de Salum e a conspiração que fez, eis que estão escritos no Livro da História dos Reis de Israel. Então, Menaém feriu a Tifsa e todos os que nela havia, como também seus limites desde Tirza. Porque não lha abriram, a devastou e todas as mulheres grávidas fez rasgar pelo ventre. Desde o trigésimo nono ano de Azarias, rei de Judá, Menaém, filho de Gadi, começou a reinar sobre Israel e reinou dez anos em Samaria. (II Reis, 15: 14-17)

**Pecaías** (741 a.C.-739 a.C.) manteve a política de seu pai, conservando o pagamento de tributos e ainda "debaixo do poder da Assíria durante todo o seu reinado" (Gusso, 2003, p. 99). Encontrando forte resistência em seu próprio povo, Pecaías foi assassinado por Peca (Millard, 1983). Muito provavelmente, Peca assumiu o protagonismo do movimento para rebelar-se contra a Assíria.

## 4.1.8 Peca

O relato bíblico resume com propriedade esses últimos reinados com os respectivos sucessores ao trono:

> Descansou Menaém com seus pais; e Pecaías, seu filho, reinou em seu lugar. No quinquagésimo ano de Azarias, rei de Judá, começou a reinar Pecaías, filho de Menaém; e reinou sobre Israel, em Samaria, dois anos. Fez o que era mau perante o Senhor, não se apartou dos pecados de Jeroboão, filho de Nebate, que fez pecar a Israel. Peca, seu capitão, filho de Remalias, conspirou contra ele e o feriu em Samaria, na fortaleza da casa do rei, juntamente com Argobe e com Arié; com Peca estavam cinquenta homens dos gileaditas; Peca o matou e reinou em seu lugar.
> (II Reis, 15: 22-25)

O reinado de Peca durou oito anos (739 a.C.-731 a.C.) e marcou um período de crise tanto nacional quanto internacional. Embora a Síria e sua capital, Damasco, estivessem submetidas a Israel nos dias de Jeroboão II, asseguraram-se sob um novo rei, Rezim, durante esse **período decadente** de Israel. Tendo como inimigo comum os assírios, Peca foi apoiado em sua política antiassíria por Rezim. Enquanto os assírios estavam, prioritariamente, ocupados com uma campanha militar em Urartu (737 a.C.-735 a.C.), esses dois reis propuseram uma aliança ocidental para "fazer frente ao poder assírio" (Gusso, 2003, p. 100).

Em Judá, a corrente pró-assíria obteve aparente êxito (735 a.C.), colocando Acaz à frente do governo, enquanto Jotão ainda vivia. Em 734 a.C., Tiglate-Pileser III invadiu os filisteus. Nesse ponto, Acaz pode ter apelado aos assírios para que o aliviassem da pressão dos filisteus (II Crônicas, 28: 16-21) ou talvez já fosse tributário de Tiglate-Pileser III. Unger (2006) sugere que, durante essa invasão, os assírios tomaram cidades no Reino do Norte (II Reis, 15: 29). A pressão sírio-israelita sobre Judá terminou em grande luta, conhecida como *guerra sírio-efrainita* (II Reis, 16: 5-9; II Crônicas, 28: 5-15; Isaías, 7: 1 a 8: 8). Os exércitos sírios marcharam contra Elate para reconquistar esse porto de mar das mãos de Judá para os edomitas, que apoiaram a coalizão contra a Assíria. Embora Jerusalém estivesse sendo assediada e os cativos vindos de Judá, levados a Samaria e Damasco, o Reino do Sul não estava subjugado nem obrigado a essa aliança antiassíria.

Dois significativos acontecimentos forçaram a retirada das forças invasoras oriundas de Judá. Quando os prisioneiros foram levados a Samaria, um profeta, Odede, declarou que aquilo era o juízo divino sobre Judá e advertiu os israelitas sobre a ira de Deus (Sicre, 2008). "Mas estava ali um profeta do Senhor, cujo nome era Odede, o qual saiu ao encontro do exército que vinha para Samaria e lhe disse: Eis que, irando-se o Senhor, Deus de vossos pais, contra Judá, os entregou nas vossas mãos, e vós os matastes com tamanha raiva, que chegou até aos céus" (II Crônicas, 28: 9). Graças à pressão dos líderes e de uma assembleia israelita, os prisioneiros foram deixados em liberdade pelo exército inimigo.

Outro fato significativo foi que Acaz recusou ceder às exigências sírio-efraimitas, apelando diretamente a Tiglate-Pileser III por auxílio. O rei assírio tinha formulado seus planos para subjugar o território do oeste. Tal empreitada o estimulou a entrar logo em ação. Damasco transformou-se no ponto focal do ataque nas campanhas de 733 e 732 a.C. e Tiglate-Pileser III se vangloriou de ter tomado 591 cidades nesse território sírio, episódio seguido pela capitulação de Damasco, em 732 a.C. A Síria tornou-se impotente para intervir ou impedir o avanço da Assíria para o oeste. Durante o século seguinte, Damasco e suas províncias, que por 200 anos integraram o influente reino da Síria, foram submetidas ao jugo assírio.

A queda de Damasco teve grande repercussão em Samaria. Peca, que havia chegado ao poder como o herói da política antiassíria, ficou humilhado. Com a Síria curvada ante o poder assírio, as chances de sobrevivência de Israel eram quase nulas. Segundo Wiseman (1983), Peca tornou-se vítima de uma conspiração executada por Oséias, o rei seguinte. Certamente, a atitude de Peca salvou Samaria da conquista na ocasião.

### 4.1.9 Oséias

Ao converter-se em "o último rei de Israel" (Gusso, 2003, p. 100), Oséias, cujo reinado durou de 731 a 722 a.C., tinha poucas opções em sua política inicial. Foi mero subordinado de Tiglate-Pileser III, que se vangloriava de tê-lo colocado no trono de Samaria. O domínio de Oséias foi restrito ao território das colinas de Efraim. Galileia e o território a leste do Jordão foram controlados pelos assírios desde a campanha de 734 a.C.

Tiglate-Pileser III parece ter conquistado Megido em meio a essa série de invasões, desde o oeste, transformando-a em capital administrativa para as províncias galileias. Em 727 a.C., morreu Tiglate-Pileser III, o grande rei assírio. Supondo que Salmaneser V não teria condições de manter o controle de tão extenso território, Oséias "procurou o apoio do Egito para se livrar da carga de tributos que tinha de pagar" (Gusso, 2003, p. 100) à Assíria.

> No ano duodécimo de Acaz, rei de Judá, começou a reinar Oséias, filho de Elá; e reinou sobre Israel, em Samaria, nove anos. Fez o que era mau perante o Senhor; contudo, não como os reis de Israel que foram antes dele. Contra ele subiu Salmaneser, rei da Assíria; Oséias ficou sendo servo dele e lhe pagava tributo. (II Reis, 17: 1-3)

Salmaneser V, por sua vez, marchou com seus exércitos contra Israel, cercando a cidade mais intensamente fortificada, Samaria, em 725 a.C. Por três anos, Oséias conseguiu suportar a forte pressão do poderoso exército assírio, rendendo-se, por fim, em 722 a.C, "acabando com o Estado de Israel, que foi incorporado ao Império Assírio" (Gusso, 2003, p. 100). Sob a política assíria de deportação, os israelitas foram levados para regiões da Pérsia. De acordo com os registros assírios, Sargão, sucessor de Salmaneser, declarava ter feito 28 mil vítimas. Os colonos da Babilônia foram instalados em Samaria e o Reino do Norte foi reduzido à situação de uma **província da Assíria** (Schultz, 1983).

Durante dois séculos, os israelitas seguiram o que fora estabelecido por Jeroboão I, fundador do Reino do Norte. Nem mesmo na mudança de dinastia Israel abandonou a idolatria, contrária à lei de Deus, como prescrevia o Decálogo.

No decorrer de todo o período, os profetas proclamavam a mensagem de Deus, advertindo tanto os reis quanto o povo acerca do juízo divino que recairia sobre eles (Sicre, 2008). Em virtude da intensa idolatria e do fracasso em servir a Deus, os israelitas foram sujeitos ao cativeiro nas mãos dos assírios.

Quando os assírios invadiram o país e o transformaram em colônia, trouxeram consigo muitos estrangeiros de outras regiões. Com o tempo, essa massa de povos se misturou, formando um povo considerado **impuro** pelos judeus em razão do grau de miscigenação. Os samaritanos, apesar da rejeição judaica, observavam escrupulosamente as prescrições de Moisés. De tão radicais, rejeitavam qualquer outro escrito além do Velho Testamento e não frequentavam o Templo de Jerusalém. Para eles, o único lugar de adoração era o Monte Gerizim, ao norte. Os samaritanos também aguardavam a vinda do messias; todavia, não seria um descendente de Davi, como pensavam os judeus, mas um novo Moisés.

O Reino do Norte, por fim, transformou-se em mais uma província assíria.

**Saiba mais**

## Israel como reino dividido

### Reino do Norte (Israel)

- Época: 931-721 a.C.
- Regime: monarquia não dinástica. Reis empossados através de golpes de Estado.
- Sistema: tributário.
- Capital: Samaria.
- Principais reis: Jeroboão, Onri, Acabe, Jeú e Jeroboão II.
- Religião: adoração a Javé, regada com muita idolatria. Culto nos santuários de Betel e Dã. Introdução do culto a Baal.
- Crise: conflitos com Fenícia, Síria, Judá e, principalmente, Assíria. Tentativas frustradas de alianças.
- Conclusão: nação conquistada pela Assíria, torna-se colônia e província.

*Fonte: SBB, 2008.*

## Atividades

1. Por que o reino de Israel já começou com sérios problemas sob o ponto de vista religioso?

2. Qual foi a grande iniciativa de Jeroboão, primeiro rei de Israel, no campo religioso?

3. Entre todos os reis de Israel, há alguma dinastia que se aproximou da vontade de Deus? Justifique sua resposta.

4. Por que Onri foi um dos principais reis de Israel?

5. Qual foi o grande pecado de Acabe em seu período como rei de Israel? Como tal postura prejudicou o povo de Deus?

6. Descreva os principais motivos que desencadearam o cativeiro assírio, acabando com o Reino do Norte.

*capítulo cinco*

## O reino dividido: Judá

## 05

Recordemos, resumidamente: após a morte de Salomão, o reino foi dividido. O norte, com dez tribos, foi batizado de Israel, tendo como capital a cidade de Samaria e, como primeiro rei, Jeroboão. Por outro lado, o sul, com as duas tribos restantes, ficou conhecido como *Judá*, tendo como capital Jerusalém e, como primeiro governante, Roboão, filho de Salomão.

Israel muito precocemente apostatou ao Senhor, passando a servir a Baal e a outros deuses, incorrendo em idolatria. Sob o governo de Acabe, o culto a Javé foi praticamente abolido do país, principalmente tendo em vista as instigações de sua mulher, Jezabel. Nesse período, surgiu o profeta Elias, que também fundou escolas de profetas e deixou Eliseu como sucessor.

Mas Israel nunca se emendou de seus maus caminhos e, em 722 a.C., a Assíria cercou Samaria e retirou o povo da terra, levando-o para o exílio (II Reis, 17).

Embora tenha eventualmente falhado, desviando-se da Lei por conta da impiedade de algum rei, Judá permaneceu mais longamente fiel e, por isso, "sobreviveu muito mais tempo que Israel" (Beaumont, 2013, p. 33). Quando do ataque de Senaqueribe à capital Jerusalém, o reino de Judá foi poupado graças à fidelidade e à fé do rei Ezequias (II Reis, 18). Todavia, não tardaria a haver novas apostasias em Judá, caso do rei Manassés.

Por fim, Judá sofreu ataques do rei da Babilônia, Nabucodonosor, em 607 a.C. Em 586 a.C., Nabucodonosor destruiu o Templo de Jerusalém, cujos objetos sagrados foram levados para a Babilônia, onde o povo ficou exilado durante 70 anos.

A **história do Reino do Sul**, isto é, de Judá, é o tema deste capítulo, excepcionalmente maior pelo fato de que Judá sobreviveu muito mais tempo do que Israel, em meio a diversos reis e profetas abrilhantando essa belíssima parte da história do povo de Deus.

O *Manual Bíblico SBB* (SBB, 2008) lembra que há dados suficientes sobre os reis de Israel e Judá a ponto de ser possível estabelecer uma cronologia precisa. De fato, "o livro de Reis registra a história de Israel (o reino do norte) até o exílio da Assíria em 722 a.C. e a história de Judá (o reino do sul, centralizado em Jerusalém) até o exílio na Babilônia em 586 a.C." (Lawrence, 2012, p. 79). Todavia, "a história narrada em Reis pode ser às vezes difícil de acompanhar, pois o autor constantemente muda o foco entre Judá e Israel" – não deixando de ser, entretanto, uma "abordagem completamente cronológica e sincronizada" (Beaumont, 2013, p. 33).

Assim, para facilitar a trajetória, eis o Quadro 5.1, com os nomes dos reis de Judá e o respectivo contexto bíblico.

Quadro 5.1 – Reis do sul

| Reino do Sul | I Reis | II Reis | II Crônicas |
|---|---|---|---|
| Roboão | 12: 1-24 | | 10: 1 a 12: 16 |
| Abias | 15: 1-8 | | 13: 1-22 |
| Asa | 15: 9-24 | | 14: 1 a 16: 14 |
| Josafá (ou Jeosafá) | 22: 41-50 | | 17: 1 a 20: 37 |
| Jorão (filho de Josafá) | | 8: 16-24 | 21: 1-20 |
| Acazias | | 8: 25-29 | 22: 1-9 |
| Joás (filho de Acazias) | | 12: 1-21 | 24: 1-27 |
| Amazias | | 14: 1-22 | 25: 1-28 |
| Uzias (Azarias) | | 15: 1-7 | 26: 1-23 |
| Jotão | | 15: 32-38 | 27: 1-9 |
| Acaz | | 16: 1-20 | 28: 1-27 |
| Ezequias | | 18: 1-20; 21 | 29: 1 a 32: 33 |
| Manassés | | 21: 1-18 | 33: 1-20 |
| Amom | | 21: 29-26 | 33: 21-25 |
| Josias | | 22: 1 a 23: 30 | 34: 1 a 35: 27 |
| Joacaz (Salum) | | 23: 31-34 | 36: 1-4 |
| Jeoaquim (Eliaquim) | | 23: 35 a 24: 7 | 36: 5-8 |
| Joaquim (Jeconias) | | 24: 8-17 | 36: 9-10 |
| Zedequias (Matanias) | | 24:18 a 25: 7 | 36: 11-21 |
| O exílio e o retorno | | 25: 8-30 | 36: 22-23 |

*Fonte: Elaborado com base em Bíblia, 2008*

## 5.1 Judá, o Reino do Sul

Com capital em Jerusalém, abrangendo apenas o território das tribos de Judá, Simeão e parte de Benjamim, sua extensão era muito menor e mais pobre do que a do Reino do Norte. Pelo fato de as regiões anteriormente conquistadas por Davi, como algumas cidades dos filisteus e o reino de Edom, retomarem sua independência, reduziu-se significativamente a extensão territorial da parte sul do antigo reino unido. Entretanto, o Reino do Sul sofreu significativas mudanças em relação ao Reino do Norte.

Diferentemente de Israel, Judá manteve reis de uma **única dinastia**. Lawrence (2008, p. 90) ressalta, nesse sentido, que os reis do sul "constituíram uma dinastia muito mais estável e duradoura do que os governantes de Israel". A dinastia davídica se manteve no trono por todo o período de existência até o fim de Judá, em 586 a.C.

Outro aspecto destacado por Beaumont (2013) é que o **Templo de Jerusalém** permaneceu com o povo de Judá – o que, supostamente, significava garantia da bênção de Deus.

O Reino do Sul, na história bíblica de Israel do Antigo Testamento, existiu entre o período "que vai da divisão do reino (931 a.C.) até o fim do Estado de Judá (586 a.C.), quando passaram a fazer parte do Império Babilônico" (Gusso, 2003, p. 103).

A significativa diferença entre Israel e Judá, conforme antecipado, está na forma com que os reis de ambos os reinos agiram e reagiram diante da vontade de Deus. Aliás, essa parte da história demonstra com fidalguia "o que acontecia a Judá quando seus reis obedeciam, ou não, a Deus" (Beaumont, 2012, p. 60). Diante desse contexto, estudar cada período monárquico é substancial para conhecer os meandros da história do povo de Deus sob a perspectiva da realidade vivenciada pelo Reino do Sul.

Vale ressaltar ainda que, em relação aos reis de Judá, "em menor número e tendo seus feitos preservados na crônicas oficiais, há um volume maior de informações" (Gusso, 2003, p. 115).

## 5.1.1 Roboão (Reoboão)

Roboão (931 a.C.-913 a.C.) foi "o último governante do Reino Unido" (Gusso, 2003, p. 116). Apesar de ser lembrado como o rei que dividiu a nação de Israel, ele exerceu um governo ativo em Judá, ao menos inicialmente. Na maior parte do tempo, lutou contra o Reino do Norte tentando recuperar o território perdido.

Em 931 a.C., liderados por Jeroboão, os israelitas apelaram a Roboão, herdeiro do trono de Salomão, para reduzir os tributos. Esperaram o veredito durante três dias e, quando Roboão anunciou que manteria a cobrança, deflagraram uma **rebelião** aberta. Refugiando-se em Jerusalém, Roboão apelou à milícia para suprimir o levante, mas somente os homens de Judá e Benjamim atenderam a seu chamado. Então, acatando o conselho de Semaías, Roboão não suprimiu a rebelião.

Embora a pesada política tributária de Roboão tenha sido o principal motivo de desagregação do reino, havia outros fatores. Durante algum tempo, a inveja perdurou entre as tribos de Judá e Efraim (Juízes, 8: 1-3; 12: 1-6; II Samuel, 2: 9; 19: 42-43). Apesar de Davi ter unificado Israel em um grande reino, a pesada cobrança de tributos e a transferência das outras tribos para Jerusalém desencadearam a rebelião. Com a morte de Salomão, essas e outras tribos se rebelaram contra Judá.

O Egito pode ter desempenhado um importante papel na desagregação do reino salomônico, pois foi onde Jeroboão refugiou-se durante os últimos dias de Salomão. Hadade, o edomita, também encontrou asilo no Egito nos primeiros anos, mas, posteriormente, retornou a Edom, ainda durante o tempo do rei Salomão (I Reis, 11: 14-22). A despeito da carência de detalhes, é perfeitamente possível que o Egito tenha apoiado Jeroboão na rebelião contra a dinastia davídica. Lawrence (2008, p. 90) ressalta que "Roboão estava no trono havia apenas cinco anos (em 926 a.C.) quando teve de enfrentar a grande invasão de Sisaque".

Outro fator que contribuiu imensamente para a divisão do reino está claramente mencionado no relato davídico: a apostasia de Salomão e a idolatria (I Reis, 11: 9-13). Por respeito e consideração a Davi, o juízo foi posposto até a morte de Salomão e Roboão teve de sofrer as consequências.

> *Então, responderam todos os homens de Judá aos homens de Israel: Porque o rei é nosso parente; por que, pois, vos irais por isso? Porventura, comemos à custa do rei ou nos deu algum presente? Responderam os homens de Israel aos homens de Judá e disseram: Dez tantos temos no rei, e mais a nós nos toca Davi do que a vós outros; por que, pois, fizestes pouco caso de nós? Não foi a nossa palavra a primeira para fazer voltar o nosso rei? Porém a palavra dos homens de Judá foi mais dura do que a palavra dos homens de Israel.* (II Samuel, 19: 42-43)

A partir da divisão do reino, os sacerdotes e os levitas procedentes de várias partes da nação vieram para o Reino do Sul. Jeroboão, no norte, substituiu a verdadeira religião de Israel pela idolatria. Muitos tiveram de abandonar suas casas para se estabelecer em Judá, o que promoveu um sincero e fervoroso **sentimento religioso** por todo o Reino do Sul durante os três primeiros anos do reinado de Roboão (II Crônicas, 11: 13-17).

Roboão construiu e fortificou várias cidades em Judá e Benjamim. Em cada uma, estabelecia comandantes, confirmando e reforçando seu reinado. Essas cidades também tinham como motivação o assentamento de suas famílias e sua distribuição.

*Também os sacerdotes e os levitas que havia em todo o Israel recorreram a Roboão de todos os seus limites, porque os levitas deixaram os arredores das suas cidades e as suas possessões e vieram para Judá e para Jerusalém, porque Jeroboão e seus filhos os lançaram fora, para que não ministrassem ao Senhor. Jeroboão constituiu os seus próprios sacerdotes, para os altos, para os sátiros e para os bezerros que fizera. Além destes, também de todas as tribos de Israel os que de coração resolveram buscar o Senhor, Deus de Israel, foram a Jerusalém, para oferecerem sacrifícios ao Senhor, Deus de seus pais. Assim, fortaleceram o reino de Judá e corroboraram com Roboão, filho de Salomão, por três anos; porque três anos andaram no caminho de Davi e Salomão.* (II Crônicas, 11: 13-17)

No entanto, segundo Gusso (2003), quando o reino estava bem estabelecido, ele e seu povo tornaram-se apóstatas. "Tendo Roboão confirmado o reino e havendo-se fortalecido, deixou a lei do Senhor, e, com ele, todo o Israel" (II Crônicas, 12: 1). Como consequência, Sisaque, rei do Egito, invadiu Judá no quinto ano do reinado de Roboão e tomou várias das cidades fortificadas, chegando até Jerusalém (Beaumont, 2013). Quando Semaías bradou que se tratava do juízo de Deus que recaíra sobre eles, o rei e os príncipes se humilharam. Em resposta, o profeta lhes garantiu que a **invasão egípcia** seria amenizada e Judá seria poupada. O egípcio Sisaque, apoiado pelos bárbaros oriundos da Líbia e da Etiópia, submeteu 150 cidades em Edom, na Filisteia, em Judá e em Israel, incluindo Megido. Além de promover tal devastação em Judá, Sisaque atacou Jerusalém, assolando-a e apropriando-se dos tesouros do templo (Lawrence, 2008).

Embora, de início, tenha manifestado seu fervor religioso, Roboão entregou-se à **idolatria**. O profeta Ido, que escreveu uma história do reino de Roboão, pode ter sido o instrumento de Deus para avisar o rei (Sicre, 2008). Além da idolatria e da invasão egípcia, uma permanente situação de **guerra** entre os reinos do Norte e do Sul transformou os dias de Roboão em tempos de constante ansiedade (Gusso, 2003). O Reino do Sul rapidamente declinou sob seus auspícios.

## 5.1.2 Abias

Durante seu reinado de três anos (913 a.C.-910 a.C.), Abias apenas deu sequência à atuação de seu pai (I Reis, 15; 1-8; II Crônicas, 13: 1-22), piorando a crônica situação de estado de guerra entre Israel e Judá e desafiando insolentemente Jeroboão no território efraimita (Gusso, 2003).

Um envolvente movimento levou as tropas de Israel a uma posição de vantagem, mas, em meio ao conflito que se seguiu, as forças de Abias, superadas em número, venceram os israelitas. Nesse sentido, Schultz (1983) ressalta que, ao tomar Betel, Efraim e Jesana com os povos circunvizinhos, Abias enfraqueceu significativamente o Reino do Norte.

Abias manteve a prática do sincretismo religioso iniciada por Salomão e promovida por Roboão. Possibilitou a continuidade do serviço religioso no templo; porém, ao mesmo tempo, permitia o culto a deuses estranhos. Gusso (2003, p. 116) afirma que "a Bíblia condena sua conduta religiosa". A dimensão dessa ação refletiu-se melhor nas reformas promovidas por seu sucessor. Desse modo, a idolatria fortaleceu-se e estendeu-se por todo o reino de Judá à época de Abias. Semelhante política idólatra resultou na supressão e na mudança da família real em Jerusalém, mas Deus conservou a estabilidade em face da promessa feita a Davi (I Reis, 15: 4-5).

### 5.1.3 Asa

Asa reinou em Jerusalém durante 41 longos anos (910 a.C.-869 a.C.), 10 dos quais, ao menos, foram pacíficos. Asa era muito jovem quando Abias morreu. Maaca continuou como rainha-mãe nos primeiros 14 ou 15 anos desse reinado. A despeito de sua influência, implantou um programa de reforma em que os altares estranhos e os lugares altos foram suprimidos e os pilares, destruídos. Nesse sentido, Gusso (2003, p. 116, grifo nosso) ressalta que Asa, "incentivado pelo profeta Azarias, filho de Obede, executou uma **reforma religiosa** de grandes proporções em Judá". Os israelitas foram admoestados para que guardassem zelosamente a Lei de Moisés e seus mandamentos. Esse tempo de paz foi politicamente aproveitado pelo jovem rei para fortificar as cidades de Judá e reforçar seu exército.

Lawrence (2008) lembra que, no décimo quarto ano de seu reinado (897 a.C.-896 a.C.), Judá foi atacada no sul por um terrível exército etíope, cujo líder, Zerá, o fez sob o poder de Osorkão I, sucessor de Sisaque no trono egípcio. Mas, com a ajuda divina, Asa e seu exército expulsaram e perseguiram os invasores.

Exortado pelo profeta Azarias após tamanha vitória, Asa executou valorosamente sua reforma por todo o reino. Suprimiu ídolos em várias cidades e "erradicou o culto a Baal (1 Reis 15: 11-15; 2 Crônicas 14: 2-6; 15: 1-19)" (Beaumont, 2012, p. 60). No terceiro mês do décimo quinto ano, convocou uma grande assembleia com seu próprio povo e com muita gente procedente do Reino do Norte que havia desertado, quando reconheceram que Deus estava com ele, oferecendo-lhe grande número de sacrifícios durante a celebração, após a reparação do altar do Senhor. Admoestado e confortado pelo profeta e pelo rei, o povo logo fez uma **aliança** para servir ao Senhor com todo o coração.

Com o apoio popular, a rainha-mãe, Maaca, foi deposta, e a imagem de Asherah, a deusa cananeia da fertilidade, foi esmagada, queimada e destruída no Vale do Cedrom (Gusso, 2003). Diante do apoio popular, tais festividades religiosas foram maiores do que quaisquer outras celebradas em Jerusalém desde a dedicação do templo de Salomão.

As festividades em Judá perturbaram Baasa, no Reino do Norte, pois Israel sucumbira a Abias pouco antes de Asa tornar-se rei. Desde então, enfraquecia-se gradativamenteem decorrência da revolução, quando a dinastia de Jeroboão foi suprimida.

A deserção de seu povo a Jerusalém, no décimo quinto ano de Asa (896 a.C.-895 a.C.), induziu-oa diligentemente fortificar Ramá. "No trigésimo sexto ano do reinado de Asa, subiu Baasa, rei de Israel, contra Judá e edificou a Ramá, para que a ninguém fosse permitido sair de junto de Asa, rei de Judá, nem chegar a ele" (II Crônicas, 16: 1).

Tendo em vista que os caminhos que procediam doReino do Norte convergiam em Ramá, a 8 km ao norte de Jerusalém, Asa administrou a questão com uma agressiva ação estratégica. Enviando a Ben-Hadade, rei da Síria, presentes de ouro e prata que tomou do templo, Asa neutralizou a agressão israelita. Ben-Hadade, então, apoderou-se de territórios e cidades ao norte de Israel. Com Baasa tendo-se retirado de Ramá, Asa utilizou as pedras e a madeira ali recolhidas para edificar e fortificar Geba e Mispá.

Sicre (2008) lembra que, embora a aliança de Asa com Ben-Hadade fosse aparentemente exitosa, Hanani, o profeta, exortou, severamente, o rei a essa associação ímpia. Corajosamente, lembrou a Asa quando tinha confiado em Deus ao opor-se com sucesso aos líbios e etíopes de Zerá. Beaumont (2012, p. 60) menciona que, na verdade, Asa "mais tarde substituiu essa confiança em Deus por um pacto com a Síria". De fato, quando se defrontou com semelhante problema, Asa ignorou a Deus. Consequentemente, ficou sujeito a constantes guerras. Ouvindo a repreensão do profeta, Asa se enfureceu de tal modo que pôs Hanani no cárcere. Outras pessoas também sofreram por conta de seu antagonismo.

> *Naquele tempo, veio Hanani a Asa, rei de Judá, e lhe disse: Porquanto confiaste no rei da Síria e não confiaste no Senhor, teu Deus, o exército do rei da Síria escapou das tuas mãos. Acaso, não foram os etíopes e os líbios grande exército, com muitíssimos carros e cavaleiros? Porém, tendo tu confiado no Senhor, Ele os entregou nas tuas mãos. Porque, quanto ao Senhor, Seus olhos passam por toda a terra, para mostrar-se forte para com aqueles cujo coração é totalmente dele; nisto procedeste loucamente; por isso, desde agora, haverá guerras contra ti. Porém Asa se indignou contra o vidente e o lançou no cárcere, no tronco, porque se enfurecera contra ele por causa disso; na mesma ocasião, oprimiu Asa alguns do povo.* (II Crônicas, 16: 7-10)

Não há registros sobre as guerras ou outras atividades durante o reinado de Asa. Dois anos antes de morrer, Asa caiu doente de "uma grave enfermidade nos pés" (Gusso, 2003, p. 116) – o que, no entanto, não bastou para que buscasse o Senhor. "No trigésimo nono ano do seu reinado, caiu Asa doente dos pés; a sua doença era em extremo grave; contudo, na sua enfermidade não recorreu ao Senhor, mas confiou nos médicos" (II Crônicas, 16: 12).

Embora Asa fosse, de início, um governante piedoso e justo fazendo, inclusive, "o que era reto perante o Senhor" (I Reis, 15: 11), nos relatos bíblicos não há evidências de que ele se recuperasse de sua atitude desafiadora ante as palavras do profeta. Aparentemente, o último período de seu reinado de 41 anos não foi caracterizado pelas atitudes justas e positivas que o marcaram inicialmente.

De acordo com Sicre (2008), fica evidente que o encarceramento de Hanani, o profeta, revela uma atitude de quem não temia o Senhor, tampouco seu mensageiro (II Crônicas, 16: 7-10).

### 5.1.4 Josafá

O reinado de 24 anos de Josafá (872-848 a.C.) foi um dos mais reconfortantes, demarcando uma era de esperança e alento na história religiosa de Judá. Beaumont (2013) o insere, inclusive, em uma lista dos poucos reis bons da história de Judá. Nos primeiros anos, Josafá reavivou a política da reforma religiosa, tão efetiva na primeira parte do reinado de Asa, governando como "um religioso piedoso" (Gusso, 2003, p. 116). Josafá tinha 35 anos de idade quando ascendeu ao trono, após ser aconselhado pelos grandes líderes religiosos de Judá durante sua infância e sua juventude.

Seu programa era bem organizado, "preocupado em ensinar a Lei de Moisés a seu povo" (Gusso, 2003, p. 116-117). Cinco príncipes, acompanhados por nove levitas e dois sacerdotes, foram enviados a toda Judá para, então, ensinar a Lei. Além disso, ele ordenou a destruição dos lugares altos e dos aserins pagãos para que o povo não fosse influenciado por eles. Em lugar de recorrer a Baal, como provavelmente o povo fizera durante os últimos 20 anos do reinado de Asa, o rei e seu povo voltaram-se para Deus.

Esse **novo interesse por Deus** surtiu grande efeito sobre as nações vizinhas e sobre Judá. Beaumont (2012, p. 60) lembra que Josafá "fortaleceu a defesa nacional". À medida que Josafá fortificava suas cidades, os filisteus e os árabes evitavam conflito com Judá, reconhecendo a superioridade do Reino do Sul por meio de presentes e tributos ao rei. Semelhante apoio providencial o animou a construir cidades, armazéns e fortalezas por todo o país, instalando nelas unidades militares (Gusso, 2003). Além disso, contava com cinco comandantes do exército de Jerusalém, responsáveis e ligados diretamente à sua pessoa (II Crônicas, 17: 1-19). Como consequência natural, sob o comando de Josafá, o Reino do Sul prosperou política e religiosamente. Como destaca Gusso (2003, p. 116), ele era um "administrador hábil".

As relações entre Israel e Judá eram amigáveis. Aliás, parece que Josafá "acabou com a inimizade que havia de longa data entre Judá e Israel, fazendo alianças com Acabe e Jorão" (Gusso, 2003, p. 117). Realmente, a aliança matrimonial entre as dinastias de Davi e Onri pode ter sido concretizada na primeira década do reinado de Josafá (cerca de 865 a.C.), visto que Acazias, filho dessa união, tinha 22 anos quando ascendeu ao trono de Judá, em 841 a.C. (II Reis, 8: 26). Semelhante gesto de união com a dinastia governante do Reino do Norte preservou Josafá de ataque e invasão de lá procedentes. "Era Acazias de vinte e dois anos de idade quando começou a reinar e reinou um ano em Jerusalém. Sua mãe, filha de Onri, rei de Israel, chamava-se Atalia" (II Reis, 8: 26).

Aparentemente, mais de uma década do reinado de Josafá transcorreu sem notícias entre os primeiros versículos de II Crônicas, 18. O ano era 853 a.C. Depois da Batalha de Qarqar, na qual Acabe participara da aliança síria para opor-se à força expansiva dos assírios, fez uma suntuosa homenagem a Josafá, em Samaria. Acabe considerava a retomada de Ramote-Gileade – que o rei sírio, Ben-Hadade, não lhe havia devolvido conforme o Tratado de Afeque – e convidou Josafá para unir-se a ele na batalha. O rei de Judá, em resposta, aceitou; porém, insistiu em recorrer, por garantia, aos serviços e conselhos de um verdadeiro profeta. Micaías predisse que Acabe morreria na batalha. Ao saber disso, Acabe se disfarçou. Mas foi mortalmente ferido por uma flecha perdida – e Josafá conseguiu escapar, regressando em paz a Jerusalém.

Jeú confrontou corajosamente Josafá com as palavras do Senhor. Sua aproximação da família real de Israel estava desgostando o Senhor. O juízo divino viria em seguida. Para Jeú, foi um ato de grande valor, já que Hanani, seu pai, tinha sido encarcerado por Asa após admoestar o rei. Concluindo sua mensagem, Jeú felicitou Josafá por ter decidido afastar-se dos aserins e preocupado-se em buscar a Deus. Ao contrário de Asa, seu pai, Josafá acatou a admoestação.

> *O Senhor foi com Josafá, porque andou nos primeiros caminhos de Davi, seu pai, e não procurou a baalins. Antes, procurou ao Deus de seu pai e andou nos seus mandamentos e não segundo as obras de Israel.*
>
> *O Senhor confirmou o reino em suas mãos, e todo o Judá deu presentes a Josafá, o qual teve riquezas e glória em abundância.* (II Crônicas, 17: 3-5)

Ele percorreu toda Judá, desde Berseba até Efraim, conclamando o povo a voltar-se para Deus. Concluiu a reforma nomeando juízes em todas as cidades fortificadas, exortando-os a julgar fundamentados no temor de Deus, e não em juízos particulares ou aceitando subornos. Os casos em disputa deveriam reportar-se a Jerusalém, onde os levitas, os sacerdotes e os chefes de família encarregavam-se de tomar as decisões justas. Amarias, o sumo sacerdote, era, em última instância, responsável por todos os casos religiosos. As demais questões, civis e criminosas, estavam a cargo de Zebadias, o governador da casa de Judá.

Pouco tempo depois, Josafá se deparou com uma terrível **invasão** vinda do sudeste. Um mensageiro trouxe a informação de que uma grande multidão de amonitas e moabitas se dirigia a Judá, procedente de Edom, ao sul do Mar Morto. Encarando-se isso como o castigo predito nas palavras de Jeú sobre a ira de Deus, é possível perceber que Josafá havia sabiamente preparado seu povo. Ao proclamar o jejum, o povo de todas as cidades de Judá respondeu imediatamente. Na Corte do templo, o próprio rei conduziu a oração, reconhecendo que Deus lhes havia entregado a terra prometida, manifestado Sua presença no templo dedicado nos dias de Salomão e prometido livramento se eles se prostrassem humildemente diante d'Ele. Nas simples palavras "não sabemos o que faremos; porém os nossos olhos estão postos em Ti", Josafá expressou sua fé em Deus, quando concluiu a oração (II Crônicas, 20: 12). Por meio de Jaaziel, um levita dos filhos de Asa, a assembleia recebeu a palavra divina de certeza de que, mesmo sem lutar eles, obteriam uma grande vitória. Em resposta, Josafá e seu povo inclinaram-se e adoraram a Deus, enquanto os levitas, em voz alta, louvavam ao Senhor. Beaumont (2013, p. 36) sintetiza a história ao afirmar que Josafá "derrotou Moabe e Amom com uma marcha de louvor".

Ao amanhecer, o rei conduziu seu povo pelo deserto de Tecoa e os animou a exercer sua fé no Senhor e nos profetas. Entoando louvores a Deus, o povo marchava contra o inimigo. As forças inimigas foram envolvidas em uma terrível confusão e se feriram matando uns aos outros. O povo de Judá precisou de três dias para recolher os despojos de guerra. No quarto dia, Josafá reuniu seu povo no Vale de Beraca para uma reunião de ação de graças, reconhecendo que Deus, e somente Ele, lhes havia dado a vitória. Em marcha triunfal, o rei reconduziu todos a Jerusalém. O temor de Deus recaiu sobre as nações dos arredores quando souberam de tão miraculosa vitória. Josafá recobrou a **paz** e a **tranquilidade** sob todos os aspectos.

Com a ascensão de um novo rei, Acazias, ao trono de Israel, Josafá retomou a íntima relação com essa perversa família. Tentaram, inclusive, em um esforço conjunto, fretar barcos em Eziom-Geber para propósitos comerciais. De acordo com a sentença do profeta

Eliézer, os barcos naufragaram (II Crônicas, 20: 35-37). Quando Acazias lhe propôs uma nova aventura, Josafá declinou do acordo (I Reis, 22: 47-49).

Antes do término de seu reinado, Josafá restabeleceu a aliança com um rei de Israel – desta feita, Jorão, outro dos filhos de Acabe. Após a morte de Acabe, Moabe cessou de pagar tributos a Israel. Acazias, em seu curto reinado, parece nada ter dito a respeito. Quando Jorão se tornou rei, convidou Josafá para unir suas forças em uma marcha, através de Edom, para subjugar Moabe (II Reis, 3: 1-27). Josafá, uma vez mais, demonstrou consciência do erro de aliar-se a reis ímpios, quando o profeta salvou os três exércitos da destruição.

*Depois disto, Josafá, rei de Judá, se aliou com Acazias, rei de Israel, que procedeu iniquamente. Aliou-se com ele, para fazerem navios que fossem a Társis; e fizeram os navios em Eziom-Geber. Porém Eliezer, filho de Dodavá, de Maressa, profetizou contra Josafá, dizendo: Porquanto te aliaste com Acazias, o Senhor destruiu as tuas obras. E os navios se quebraram e não puderam ir a Társis.* (II Crônicas, 20: 35-37)

Josafá morreu em 848 a.C., após ter conduzido seu povo na luta contra a idolatria sob todos os aspectos. Em razão da íntima aproximação com reis maus e ímpios de Israel, foi severamente admoestado por vários profetas. Sua estratégia política de aliança e matrimônios não afetou a nação enquanto ele viveu; porém, quase exterminou a dinastia davídica de Judá em menos de uma década após sua morte, quando "a linhagem de Davi foi ameaçada por Atalia" (Lawrence, 2008, p. 90). A complacência de sua política sincrética anulou os esforços de toda uma vida, trazendo "dificuldades enormes para o seu reino" (Gusso, 2003, p. 117).

## 5.1.5 Jeorão

Filho de Josafá, Jeorão governou Judá entre 848 e 841 a.C. Mesmo tendo sido corregente com seu pai, não assumiu muita responsabilidade até a morte de Josafá.

A narrativa bíblica (II Crônicas, 21: 1-20; II Reis, 8: 16-24) oferece certas datas sobre seu acesso ao trono como 853 a.C., ao passo que alguns relatos se referem a 848 a.c., quando assumiu o pleno domínio do reino. A morte de Josafá impulsionou muitas mudanças em Judá. O governo pacífico de Josafá logo deu lugar ao derramamento de sangue e ao **regresso à idolatria**. Assim que assumiu o trono, Jeorão matou seus irmãos e muitos príncipes, "possivelmente querendo eliminar qualquer oposição futura" (Gusso, 2003, p. 117). Eis o relato bíblico: "Tendo Jeorão assumido o reino de seu pai e havendo-se fortificado, matou todos os seus irmãos à espada, como também alguns dos príncipes de Israel" (II Crônicas, 21: 4). Beaumont (2013, p. 36), descrevendo a trajetória de Jeorão, resume seu reinado: "Jeorão (848-841 a.C.) casou-se com Atalia, filha de Acabe e Jezabel; seguiu a conduta perversa deles; morreu numa morte terrível".

De fato, a atitude de percorrer os mesmos caminhos pecaminosos de Acabe e Jezabel talvez se explique pela influência de sua esposa, Atalia (Gusso, 2003). Restaurou os lugares altos e permitiu a idolatria que seu pai havia suprimido e eliminado. Elias, o profeta, repreendeu severamente Jeorão por escrito, senão vejamos:

> Então, lhe chegou às mãos uma carta do profeta Elias, em que estava escrito: Assim diz o Senhor, Deus de Davi, teu pai: Porquanto não andaste nos caminhos de Josafá, teu pai, e nos caminhos de Asa, rei de Judá, mas andaste nos caminhos dos reis de Israel, e induziste à idolatria a Judá e os moradores de Jerusalém, segundo a idolatria da casa de Acabe, e também mataste a teus irmãos, da casa de teu pai, melhores do que tu. Eis que

*o Senhor castigará com grande flagelo ao teu povo, aos teus filhos, às tuas mulheres e todas as tuas possessões. Tu terás grande enfermidade nas tuas entranhas, enfermidade que aumentará dia após dia, até que saiam as tuas entranhas.* (II Crônicas, 21: 12-15)

Mediante essa comunicação, Jeorão foi advertido de ser merecedor de juízo pelos crimes de assassinar seus irmãos e conduzir Judá aos mesmos caminhos iníquos do Reino do Norte. O tenebroso futuro vaticinava uma praga para sua família e uma doença incurável para o próprio rei.

Edom se enfureceu contra Jeorão. Estando ele e seu exército rodeados pelos edomitas, Jeorão fugiu e Edom obteve, assim, sua independência. Os filisteus e os árabes, que no passado tinham reconhecido Josafá pagando-lhe tributos, rebelaram-se e avançaram contra Jerusalém, atacando e destroçando o próprio palácio real. Levaram, ainda, um grande tesouro e tomaram cativos os familiares de Jeorão, à exceção de Atalia e do filho mais novo, Jeoacaz, também conhecido como *Acazias*.

Dois anos antes de morrer, Jeorão foi acometido de uma terrível e incurável doença. Após um período de sofrimento, "morreu de uma terrível infecção intestinal" (Gusso, 2003, p. 117) em 841 a.C.

Os surpreendentes e trágicos efeitos do breve reinado de Jeorão refletem-se no fato de que ninguém lamentou sua morte, sequer concedendo-lhe a habitual honra de ser sepultado no túmulo destinado aos reis. "E se foi sem deixar de si saudades" (II Crônicas, 21: 20).

## 5.1.6 Acazias

Em 841 a.C., Acazias protagonizou o mais breve dos reinados, governando Judá por menos de um ano. Também é "conhecido por outros dois nomes na Bíblia; é chamado de Jeoacaz em 2 Crônicas 21: 17, e de Azarias em 2 Crônicas 22: 6" (Gusso, 2003, p. 117). Conquanto Jeorão tivesse assassinado todos os seus irmãos quando chegou ao trono, seus filhos foram mortos pelos árabes, à exceção de Acazias. Consequentemente, o povo de Judá não teve alternativa senão coroar Acazias. Sob a dominação de sua mãe, Jezabel, e a influência de seu tio Jeorão, que governava Israel, Acazias pouco teve a escolher, uma vez que a pauta já fora estabelecida por seu pai. Assim, "principalmente no aspecto religioso, Acazias deu continuidade à política religiosa de seu pai" (Gusso, 2003, p. 117).

Seguindo o conselho de seu tio, o novo rei se uniu aos israelitas na batalha contra a Síria (Beaumont, 2012). Tendo Hazael recém-sucedido Ben-Hadade como rei em Damasco, Jorão concluiu que era a oportunidade de recuperar Ramote-Gileade das mãos dos sírios. No combate que se seguiu, Jorão foi ferido. Acazias acompanhava Jorão em Jizreel, o palácio de verão da dinastia onrida, quando a revolução estourou em Israel. Enquanto Jeú marchava contra Jizreel, Jorão foi mortalmente ferido e Acazias refugiou-se em Samaria. Posteriormente, em outra perseguição, foi fatalmente ferido e morreu em Megido. Como sinal de respeito a Josafá, seu neto Acazias foi sepultado com as honras de rei em Jerusalém.

> Era Acazias de vinte e dois anos de idade quando começou a reinar e reinou um ano em Jerusalém. Sua mãe, filha de Onri, chamava-se Atalia. Ele também andou nos caminhos da casa de Acabe; porque sua mãe era quem o aconselhava a proceder iniquamente. Fez o que era mau perante o Senhor, como os da casa de Acabe; porque eles eram seus conselheiros depois da morte de seu pai, para a sua perdição. (II Crônicas, 22: 2-4)

Na falta de um herdeiro qualificado para encarregar-se do reino de Judá, Atalia ocupou o trono de Jerusalém. Como bem afirma Gusso, as alianças estabelecidas anteriormente por Josafá trouxeram "dificuldades enormes [...] para a dinastia de Davi" (Gusso,

2003, p. 117). Para firmar sua posição, iniciou com a execução da família real (II Crônicas, 22: 10-12). O que Jezabel, sua mãe, fizera com os profetas em Israel, Atalia fez com a família de Davi em Judá. Por meio de uma aliança matrimonial planejada por Josafá com o perverso Acabe, essa neta de Etbaal, rei de Tiro, tornou-se esposa do herdeiro do trono de Davi.

Ela não se manteve durante toda a vida de Josafá, mas sua atuação em Judá ficou tragicamente evidente após sua morte, nos acontecimentos que caracterizaram os dias de seu marido, Jeorão, e de seu filho, Acazias.

### 5.1.7 Atalia

Sepultado Acazias, Atalia assumiu o trono do Reino do Sul (841 a.C.-835 a.C.). Foi um momento crítico na história do povo de Deus:

> Apesar de o Senhor ter prometido a Davi que sua linhagem seria estabelecida para sempre, houve um momento em que ela quase foi extinta. Jeorão (848-841 a.C.), rei de Judá, se casou com Atalia, filha do perverso rei Acabe (873-853 a.C.). Quando Jeú, o rei de Israel, matou Acazias, o filho de Jeorão, Atalia tomou o trono de Judá e se manteve no poder por seis anos (841-835 a.C.). Atalia exterminou todos da família real, exceto um filho de Acazias chamado Joás que ainda era bebê e ficou escondido no templo, sem o conhecimento da rainha, durante os seis anos de seu reinado. O sumo sacerdote Joiada liderou um golpe bem-sucedido contra a rainha Atalia e o menino Joás foi coroado em seu lugar. (Lawrence, 2008, p. 90)

Os registros bíblicos informam que, para garantir e firmar sua posição como governante, Atalia mandou executar todos os descendentes reais, iniciando seu **reinado de terror**. Aparentemente, nenhum dos herdeiros ao trono sobreviveu, exceto Joás, um menino, filho de Acazias. Durante os seis anos do reinado de Atalia, Jeoseba, irmã de Acazias, escondeu o herdeiro real no templo (Gusso, 2003).

Uma dramática e trágica mudança no ambiente religioso se seguiu à morte de Josafá, pois, sendo Atalia uma fanática seguidora de Baal, a exemplo de sua mãe Jezabel, instituiu esse culto idólatrico e ordenou que fosse praticado tanto em Jerusalém quanto Judá afora. Os tesouros do templo e todos os objetos foram tomados e dedicados ao culto idólatra de Baal. Matã serviu como sacerdote em Jerusalém.

Indubitavelmente, o derramamento de sangue e a perseguição do baalismo no Reino do Norte, sob Jeú, fizeram com que Atalia intensificasse o fanatismo do culto à fertilidade em Judá.

Um sacerdote, Joiada, que testemunhara o avivamento religioso à época de Asa e Josafá, foi o instrumento na restauração da linhagem real. No tempo certo, garantiu o apoio da guarda real e Joás, na Corte do templo, foi coroado rei. Atalia, ouvindo as aclamações, "a fim de consolidar-se no poder" (Beaumont, 2012, p. 60), quis entrar, mas foi impedida, arrastada e executada dentro do palácio. Gusso (2003, p. 118) conclui pontuando que Atalia foi a única pessoa não pertencente à "linhagem de Davi a assumir o trono de Judá; também a única mulher, e, ainda que tenha reinado de forma soberana, não recebe na Bíblia o título de rainha".

## 5.1.8 Joás (Jeoás)

Beaumont (2013) lembra que Joás era um mero menino de sete anos quando iniciou seu longo reinado (835 a.C.-796 a.C.). O relato bíblico assinala que "tinha Joás sete anos de idade quando começou a reinar e quarenta anos reinou em Jerusalém" (II Crônicas, 24: 1). Sua política de Estado foi formulada e conduzida por ele enquanto viveu.

Após a execução de Atalia, o culto de Baal foi suprimido, e os altares em sua homenagem, destroçados. Matã, o sacerdote, foi morto e Joiada iniciou uma aliança, sob a qual o povo prometeu servir apenas a Deus. Enquanto Joiada viveu, a dedicação geral prevaleceu no verdadeiro **culto a Deus**. O templo e seus serviços foram completamente abandonados durante o terrível reinado de Atalia, mas Joás, de acordo com o conselho de Joiada, apoiou a restauração do culto e dos holocaustos e "organizou as obras de reparação do templo" (Beaumont, 2012, p. 60).

Uma vez que o templo seria oficialmente reutilizado, os sacerdotes encarregaram-se de coletar fundos nação afora, mas seus esforços não foram exitosos. No vigésimo terceiro ano do reinado de Joás (cerca de 812 a.C.), adotou-se um novo método para obter fundos. Uma caixa foi colocada no átrio, ao lado direito do altar – e, respondendo a uma proclamação pública, o povo contribuía com entusiasmo, como quando Moisés pedira donativos para construir o tabernáculo. Artesãos e artistas puseram mãos à obra, a fim de reparar e embelezar os lugares escolhidos.

Do ouro e da prata restantes, produziram os ornamentos apropriados. A solicitude do povo para essa obra não prejudicou minimamente as contribuições regulares em favor dos sacerdotes.

*Tendo eles acabado a obra, trouxeram ao rei e a Joiada o resto do dinheiro, de que se fizeram utensílios para a Casa do Senhor, objetos para o ministério e para os holocaustos, taças e outros objetos de ouro e de prata. E continuamente ofereceram holocaustos na Casa do Senhor, todos os dias de Joiada.Envelheceu Joiada e morreu farto de dias; era da idade de cento e trinta anos quando morreu.* (II Crônicas, 24: 14,15)

A adesão popular à religião verdadeira cresceu sob a influência de Joiada, com a restauração do templo. No entanto, pouco depois, o juízo divino recaiu sobre Judá. Após a morte de Joiada, a permissividade de Joás fez com que a apostasia se infiltrasse em Judá à medida que os príncipes o persuadiam a voltar aos ídolos e aos aserins, tolerando, inclusive, o derramamento de sangue inocente.

O povo, por seu turno, ignorou as admoestações dos fiéis profetas (Sicre, 2008). Aliás, quando Zacarias, filho de Joiada, falou ao povo que o país não prosperaria enquanto não obedecesse aos mandamentos do Senhor, foi morto no átrio do templo, por acusação de "lhe fazer oposição" (Gusso, 2003, p. 118). Joás tampouco lembrou-se da bondade de Joiada; do contrário, poderia ter salvado a vida de Zacarias.

> O Espírito de Deus se apoderou de Zacarias, filho do sacerdote Joiada, o qual se pôs em pé diante do povo e lhes disse: Assim diz Deus: Por que transgredis os mandamentos do Senhor, de modo que não prosperarais? Porque deixastes o Senhor, também Ele vos deixará. Conspiraram contra ele e o apedrejaram, por mandado do rei, no pátio da Casa do Senhor. Assim, o rei Joás não se lembrou da beneficência que Joiada, pai de Zacarias, lhe fizera, porém matou-lhe o filho; este, ao expirar, disse: O Senhor o verá e o retribuirá. (II Crônicas, 24: 20-22)

À época, Hazael já havia estendido seu reino sírio-palestino para o sul. Após conquistar Gate, na planície filisteia, voltou-se para Jerusalém (II Reis, 12: 17-18). A fim de evitar uma invasão desse rei, Joás despojou do templo os tesouros dedicados desde os tempos de Josafá e os enviou a Hazael, assim como o ouro do tesouro do palácio. Por esse sinal de servidão, Jerusalém escapou à humilhação de ser sitiada e conquistada, até que, provavelmente por não pagar os tributos, o rei arameu enviou um contingente de tropas contra Jerusalém algum tempo depois (II Crônicas, 24: 23-24). Pelo fato de o rei de Damasco não estar identificado pelo nome, é muito provável que Ben-Hadade II já tivesse sido substituído por Hazael no trono da Síria.

Dessa vez, o exército sírio invadiu Jerusalém e, após matar alguns dos príncipes e deixar Joás ferido, regressou a Damasco. Os servidores do palácio aproveitaram a situação para vingar o sangue de Zacarias, assassinando seu rei, Joás, que "foi enterrado em Jerusalém, mas não nos sepulcros dos reis" (Gusso, 2003, p. 118).

Nesse ínterim, Asa, com seu pequeno exército, derrotou um grande contingente armado, porque se colocara a serviço de Deus, n'Ele depositando toda a sua fé. Considerando o fato de que Joás fora destruído por uma pequena unidade armada inimiga, ficou claro que se tratava de um juízo de Deus.

### 5.1.9 Amazias

Terminado o reinado de Joás, Amazias imediatamente foi coroado rei de Judá e reinou durante 29 anos (796 a.C.-767 a.C.). Após 791 a.C., seu fiho Uzias passou a reinar como corregente sobre o trono de Davi. Judá e Israel, igualmente, tinham sofrido muito sob o agressivo poder de Hazael, rei da Síria. Sua morte na passagem do século marcou o ponto nevrálgico na fortuna dos reinos hebraicos. Joás, que subiu ao trono de Israel em 798 a.C., organizou um poderoso exército, desafiando o poder sírio. Amazias adotou uma política semelhante para Judá, capacitando sua nação para recuperar-se da invasão e do sangue real vertido.

> *Antes de se findar o ano, subiu contra Joás o exército dos sírios; e, vindo a Judá e a Jerusalém, destruíram, dentre o povo, a todos os seus príncipes, cujo despojo remeteram ao rei de Damasco. Ainda que o exército dos sírios viera com poucos homens, contudo, o Senhor lhes permitiu vencer um exército mui numeroso dos judeus, porque estes deixaram o Senhor, Deus de seus pais. Assim, executaram os sírios os juízos de Deus contra Joás.* (II Crônicas, 24: 23,24)

Um dos primeiros atos agressivos de Amazias foi recuperar Edom. Jeorão já derrotara os edomitas, mas falhara em submetê-los a Judá. Embora Amazias dispusesse de um exército de 300 mil homens, fortaleceu-se com uma tropa mercenária de outros 100 mil procedentes de Joás, rei de Israel. Um homem de Deus o advertiu de que, se utilizasse tais soldados israelitas, Judá perderia a batalha. Diante de tal aviso, Amazias descartou as tropas do Reino do Norte, mesmo já tendo pago por seus serviços. Com seu próprio exército, venceu os edomitas e tomou Seir, a capital. Ao voltar a Jerusalém, "depois de um massacre assustador" (Beaumont, 2012, p. 60), Amazias introduziu os deuses edomitas entre povo e lhes prestou culto – idolatria que, todavia, não ficou impune, pois um profeta lhe anunciou que seria derrotado por ter afastado-se de Deus (II Crônicas, 25: 1-16).

Amazias, com a vitória sobre Edom, confiou tanto em seu poder militar que, "tomado de arrogância, desafiou Joás, rei de Israel" (Beaumont, 2012, p. 60), à batalha. As tropas israelitas, que tinham sido dispensadas sem realizar o serviço militar, sentiram-se tão provocadas que, irascíveis, saquearam as cidades de Judá desde Bete-Horom até Samaria (II Crônicas, 25: 10-13). Isso pode ter sido a causa da expressa decisão tomada por Amazias de romper a paz que reinava entre Israel e Judá por quase um século. Joás acusou veementemente Amazias de ser demasiado arrogante e o advertiu de que seria estraçalhado por uma besta selvagem.

Indiferente, Amazias insistiu em confrontar o exército do Reino do Norte. Na **Batalha de Bete-Semes**, então, Judá foi completamente derrotado. O exército vencedor derrubou grande parte da muralha de Jerusalém, saqueando a cidade e tornando cativo Amazias (II Reis, 14: 11-14).

Essa derrota foi terrível para Amazias. Segundo Thiele (1983), a invasão de Israel a Jerusalém foi entre 791 e 790 a.C., coincidindo com o início do reinado de Uzias, aos 17 anos de idade. Com a prisão de Amazias, os líderes de Judá tornaram Uzias corregente. O fato de Amazias ter vivido por até 15 anos após a morte de Joás (II Reis, 14: 17) sugere que, possivelmente, o rei de Judá "foi vencido e feito prisioneiro" (Gusso, 2003, p. 118) mesmo no trono, enquanto Uzias era corregente. Naquele tempo, Jeroboão II, que já fora corregente com seu pai desde 793 a.C., assumiu o comando total da expansão do Reino do Norte.

Uma vez reempossado ao trono de Davi em Jerusalém, com o propósito de recuperar o território perdido para a Síria, Amazias foi incapaz de reconduzir sua nação à condição de supremacia de que outrora desfrutara. As esperanças iniciais de tornar Judá mais próspera esvaíram-se após Amazias ser capturado por Joás.

Durante o restante de seu reinado, Judá foi obscurecida pela expansão israelita. Amazias refugiou-se em Laquis, onde foi vítima dos mesmos assassinos que o perseguiram (Gusso, 2003; Beaumont, 2012).

> *Então, separou Amazias as tropas que lhe tinham vindo de Efraim para que voltassem para casa; pelo que muito se acendeu a ira deles contra Judá, e voltaram para casa ardendo em ira. Animou-se Amazias e, conduzindo o seu povo, foi-se ao vale do Sal, onde feriu dez mil dos filhos de Seir. Também os filhos de Judá prenderam vivos dez mil e os trouxeram ao cimo de um penhasco, de onde os precipitaram, de modo que todos foram esmigalhados. Porém os homens das tropas que Amazias despedira, para que não fossem com ele à peleja, deram sobre as cidades de Judá, desde Samaria até Bete-Horom; feriram deles três mil e fizeram grande despojo.* (II Crônicas, 25: 10-13)

### 5.1.10 Uzias

Uzias reinou durante 51 anos (791 a.C.-740 a.C.). O relato bíblico é relativamente curto: "Todo o povo de Judá tomou a Uzias, que era de dezesseis anos, e o constituiu rei em lugar de Amazias, seu pai. Ele edificou a Elate e a restituiu a Judá, depois que o rei descansou com seus pais" (II Reis, 14: 21-22). Beaumont (2013, p. 36) destaca que "seu reinado foi longo e estável". De fato, Uzias, também chamado de Azarias, reergueu Judá da destruição e a transformou em uma grande potência nacional, sendo reconhecido como o mais eficiente dos soberanos do Reino do Sul desde Salomão (II Crônicas, 26: 1-23).

Eis a ordem dos acontecimentos que marcaram esse período do século VIII a.C.:

Quadro 5.2 – Reinados de Joás a Uzias

| Ano (a.C.) | Reinado |
|---|---|
| 798 | Início do reinado de Joás em Israel. |
| 797-796 | Amazias sucede Joás em Judá. |
| 793-792 | Jeroboão II é corregente com Joás. |
| 791-790 | Uzias inicia a corregência com Amazias (Judá é derrotada e Amazias, feito prisioneiro). |
| 782-781 | Joás morre. Jeroboão II assume sozinho como governante (provavelmente, Amazias foi posto em liberdade nesse momento). |
| 768-767 | Amazias é assassinado. Uzias assume o governo. |
| 753 | Fim do reinado de Jeroboão. Zacarias governa por seis meses. |
| 752 | Salum (um mês de governo) é substituído por Menaém. |
| 750 | Uzias é atacado pela lepra. Jotão se torna corregente. |
| 742-41 | Pecaías se converte no rei de Israel. |
| 740-39 | Fim do reinado de Uzias. |

*Fonte: Elaborado com base em Bíblia, 2008.*

Há um silêncio nas Escrituras com relação a Israel e Judá no tempo de Jeroboão II e Uzias, parecendo sugerir que viveram dias de amizade e cooperação. Além de reedificar as muralhas de Jerusalém, Uzias melhorou as fortificações que a rodeavam, reorganizando e equipando o exército com as melhores armas.

No tempo em que Amazias subjugou a Edom, Uzias "reconstruiu Elate, no Golfo de Ácaba, derrotou os filisteus e árabes, construiu torres no deserto, cavou cisternas, aumentou o potencial agrícola da terra e desenvolveu máquinas para atirar flechas e pedras grandes" (Lawrence, 2008, p. 91). As crises internas em Israel, após a morte de Jeroboão, podem ter dado a Uzias mais acesso à zona transjordana.

Economicamente, Judá caminhou bem sob Uzias. O rei estava vividamente interessado na agricultura e no crescimento do boiadeiro. Aliás, Beaumont (2012) destaca o fato de que Uzias era conhecido como *amigo da agricultura*. Grandes rebanhos em áreas do deserto precisavam cavar poços e levantar torres de proteção. Os cultivadores de vinhedos expandiram sua produção. Tendo Uzias promovido tais interesses logo no começo de seu longo reinado, certamente Judá "experimentou uma época de grande prosperidade durante sua administração" (Gusso, 2003, p. 119).

Essa expansão territorial colocou Judá no controle de cidades comercialmente importantes, nas rotas que conduziam à Arábia, ao Egito e a outros países. Em Elate, sobre o Mar Vermelho, as indústrias e as jazidas de cobre e ferro que tanto floresceram sob os auspícios de Davi e Salomão foram reclamadas para o Reino do Sul. Embora Judá ficasse para trás em relação ao Reino do Norte, viveu um **sólido crescimento econômico e militar** sob a liderança de Uzias, mantendo sua prosperidade até mesmo quando Israel viveu seu declínio após a morte de Jeroboão. O crescimento de Judá e sua influência no período só foram inferiores aos experimentados nos dias de Davi e Salomão. A prosperidade de Uzias estava diretamente relacionada à sua busca e à sua dependência de Deus:

> Propôs-se buscar a Deus nos dias de Zacarias, que era sábio nas visões de Deus; nos dias em que buscou ao Senhor, Deus o fez prosperar. Saiu e guerreou contra os filisteus e quebrou o muro de Gate, o de Jabné e o de Asdode; e edificou cidades no território de Asdode e entre os filisteus. Deus o ajudou contra os filisteus, e contra os arábios que habitavam em Gur-Baal, e contra os meunitas". (II Crônicas, 26: 5,7)

Zacarias, um profeta ainda desconhecido, instruiu o rei, que, aproximadamente em 750 a.C., adotou uma atitude totalmente saudável e humilde perante o Senhor. No auge de seu êxito, porém, Uzias julgou que poderia entrar no templo e queimar o incenso. Contudo, apoiado por 80 sacerdotes, o sumo sacerdote, cujo nome era o mesmo de Azarias, enfrentou Uzias, ressaltando que aquilo era prerrogativa daqueles que estavam consagrados para tal propósito (Êxodo, 30: 7; Números, 18: 1-7). Muito irritado, o rei desafiou os sacerdotes.

Como resultado do juízo divino, Uzias "foi acometido de lepra, doença que o acompanhou para o resto da vida, tornando-o cerimonialmente impuro e impedindo-o para sempre de entrar no templo" (Beaumont, 2012, p. 60). Assim, até o fim de seu reinado, ficou relegado ao ostracismo fora de seu palácio e lhe foram negados todos os privilégios sociais. Lawrence (2008, p. 91) lembra que, "entrementes, seu filho, Jotão, governou como corregente" e assumiu as responsabilidades reais pelo resto da vida do pai.

> Assim, ficou leproso o rei Uzias até ao dia da sua morte; e morou, por ser leproso, numa casa separada, porque foi excluído da Casa do Senhor; e Jotão, seu filho, tinha a seu cargo a casa do rei, julgando o povo da terra. Quanto aos mais atos de Uzias, tanto os primeiros como os últimos,

*o profeta Isaías, filho de Amoz, os escreveu. Descansou Uzias com seus pais, e, com seus pais, o sepultaram no campo do sepulcro que era dos reis; porque disseram: Ele é leproso. E Jotão, seu filho, reinou em seu lugar.* (II Crônicas, 26: 21-23)

## 5.1.11 Jotão

Jotão (740 a.C.-732 a.C.), filho de Uzias, sempre intimamente associado ao pai, começou a reinar. Uzias era um governante forte e decidido. Jotão, porém, teve uma posição secundária como regente de Judá, quando assumiu plenas funções de governo em 740 a.C.-739 a.C., "dando sequência à boa administração de seu pai" (Gusso, 2003, p. 119).

Nesse sentido, Beaumont (2012, p. 60) lembra que "as atividades militares e de edificações prosperaram sob seu reinado". De fato, as "empresas" do interior do país no reinado de Jotão viabilizaram a construção de cidadelas e torres para dar alento ao cultivo da terra por toda Judá. Foram construídas cidades em lugares muito estratégicos. Em Jerusalém, Jotão incentivou o interesse religioso ao construir uma porta superior no templo, porém, não interferiu nos lugares altos, onde o povo ainda rendia culto aos ídolos.

Os amonitas haviam se rebelado contra Judá após a morte de Uzias. No entanto, Jotão sufocou a revolta e exigiu pagamento de tributos. O registro de tal pagamento no segundo e no terceiro anos de Jotão (II Crônicas, 27: 5-6) denota que os problemas com a Assíria se agravaram.

*Ele também guerreou contra o rei dos filhos de Amom e prevaleceu sobre eles, de modo que os filhos de Amom, naquele ano, lhe deram cem talentos de prata, dez mil coros de trigo e dez mil de cevada; isto lhe trouxeram os filhos de Amom também no segundo e no terceiro ano. Assim, Jotão se foi tornando mais poderoso, porque dirigia os seus caminhos segundo a vontade do Senhor, seu Deus.* (II Crônicas, 27: 5-6)

Uma terrível **invasão assíria** acarretou problemas a Jotão para manter sua política antiassíria. Quando os exércitos assírios se posicionaram na região do Monte Nal e Urartu em 736 a.C.-735 a.C., um grupo pró-assírio existente em Jerusalém elevou Acaz ao trono como corregente de Jotão. Registros assírios confirmam o ano de 736 a.C. como a data da ascensão de Acaz.

Jotão morreu em 732 a.C. O tempo total de seu reinado é calculado em 20 anos, mas reinou, de fato, durante três ou quatro apenas. Como corregente de seu pai, teve poucas oportunidades de se firmar por si mesmo. Mais tarde, quando a ameaça assíria precipitou a crise, retirou-se, enquanto Acaz fomentava a amizade com os assírios, cuja ajuda ele solicitaria em futuras batalhas.

### 5.1.12 Acaz

O reinado de Acaz (732 a.C.-716 a.C.) foi atormentado pelas dificuldades (II Crônicas, 28: 1-27; II Reis, 16: 1-20). Os reis assírios avançavam para conquistar e assumir o controle do Crescente Fértil, a cuja pressão Acaz esteve continuamente sujeito. Inclusive, Beaumont (2012, p. 61) aborda tal realidade afirmando que Acaz "se tornou vassalo da Assíria".

Gusso (2003) lembra que o Reino do Norte já havia cedido à política de resistência de Peca. Aos 20 anos, Acaz teve de enfrentar o delicado problema da paz entre Síria e Israel e mantê-la. Em 734 a.C., Tiglate-Pileser III avançou seus exércitos contra os filisteus. É bem possível que Acaz tenha apelado ao rei assírio quando os filisteus atacaram vastamente as fronteiras de Judá. Seu alinhamento com Tiglate-Pileser III logo acarretou sérios problemas a Acaz. No mesmo ano e posteriormente, após a retirada dos invasores assírios, Peca e Rezim declararam guerra a Judá. À época dessa **terrível crise**, Isaías manteve-se ativo em seu ministério profético por cerca de seis anos. Imbuído da mensagem divina, enfrentou Acaz com a resposta de seu problema. A fé em Deus era o bordão da vitória sobre Israel e Síria. Peca e Rezim tentaram empossar um governante manipulável no trono de Davi em Jerusalém. Deus, contudo, poria um fim ao projeto sírio-efraimita em resposta à fé (Isaías, 7). Entretanto, o perverso e obstinado Acaz recusou-se a ouvir "os conselhos do profeta Isaías" (Gusso, 2003, p. 119).

Quando os exércitos de Síria e Israel invadiram Judá, sitiaram Jerusalém, ainda que não a conquistassem, recém-fortificada por Uzias. Todavia, Judá sofreu enormes perdas, pois milhares de pessoas foram mortas e muitas outras, por seu turno, levadas sob cativeiro a Samaria e Damasco.

A despeito da forte pressão, Acaz sobreviveu ao ataque sírio-efraimita. Lawrence (2008) afirma que a súplica de Acaz a Tiglate-Pileser III obteve resultados imediatos. Nas duas campanhas sucessivas (733 e 732 a.C.), os assírios subjugaram Síria e Israel. Em Samaria, Peca foi substituído por Oséias, que rendeu submissão e lealdade ao rei assírio. Acaz encontrou-se com Tiglate-Pileser III em Damasco e lhe garantiu a sujeição de Judá.

Acaz estava tão impressionado que ordenou que Urias, o sacerdote, duplicasse o altar de Damasco no Templo de Jerusalém. O próprio rei assumiu o encargo de conduzir o culto pagão, atraindo a condenação sobre sua própria cabeça (Beaumont, 2013).

Durante todo o reinado, Acaz manteve a política pró-assíria. À medida que se alternavam os governantes na Assíria e o Reino do Norte se encaminhava para seu fim com a rebelião de Oséias, Acaz conduzia sua nação com êxito em meio às crises internacionais. Mesmo quando Judá havia perdido o direito à liberdade e pagava pesados tributos à Assíria, a **prosperidade econômica** conservou-se forte como havia sido estabelecida sob a saudável política de Uzias. A riqueza não estava tão concentrada no Reino do Norte, onde era exclusiva da aristocracia.

Embora contemporâneo do grande profeta Isaías, Acaz promoveu as mais pecaminosas e profanas **práticas idolátricas**, sendo, por isso, considerado "um dos piores reis de Judá" (Beaumont, 2012, p. 61). Acaz "chegou a um nível tão baixo em sua vida religiosa que, seguindo costumes pagãos, ofereceu alguns de seus filhos em sacrifícios" (Gusso, 2003, p. 120). Além disso, tomou do tesouro do templo para suprir as demandas do rei assírio (Lawrence, 2008) e introduziu cultos estranhos no mesmo lugar em que somente Deus deveria ser adorado.

## 5.1.13 Ezequias

O governo de Ezequias durou 29 anos (716 a.C.-687 a.C.) e marcou uma era sobressalente em matéria religiosa de Judá, afinal, como bem afirma Gusso (2003, p. 120), Ezequias "foi um dos mais notáveis reis de Judá". Há muitos relatos a respeito de tal período, tanto pelo próprio texto bíblico quanto "por outros textos ou por evidências arqueológicas" (Lawrence, 2008, p. 92).

Mesmo cercado e embargado pelos assírios, Ezequias sobreviveu ao terrível ataque a Jerusalém, executado em 701 a.C. Na última década de seu reinado, Manassés teve Ezequias como corregente. Somando-se ao que relatam II Reis, 18-20 e II Crônicas, 29-32, existem informações pertinentes em Isaías, 36-39 a respeito da vida de Ezequias.

Em uma **reação radical à idolatria** deliberada de seu pai, Ezequias começou seu reinado com a maior e mais extensa reforma da história do Reino do Sul. Beaumont (2013, p. 36) resume que Ezequias "aboliu o paganismo; reorganizou o templo e a adoração; [...] confiou em Deus quando a Assíria atacou Jerusalém". Como um jovem de 25 anos, testemunhara a desintegração gradual do Reino do Norte e a conquista assíria de Samaria, a apenas cerca de 64 km do norte de Jerusalém. Constatando que o cativeiro de Israel era a consequência de uma aliança rompida e da desobediência a Deus (II Reis, 18: 9-12), Ezequias depositou toda a sua confiança no Deus de Israel.

> *No quarto ano do rei Ezequias, que era o sétimo de Oséias, filho de Elá, rei de Israel, subiu Salmaneser, rei da Assíria, contra Samaria e a cercou.*
>
> *Ao cabo de três anos, foi tomada; sim, no ano sexto de Ezequias, que era o nono de Oséias, rei de Israel, Samaria foi tomada. O rei da Assíria transportou a Israel para a Assíria e o fez habitar em Hala, junto a Habor e ao Rio Gozã, e nas cidades dos medos; porquanto não obedeceram à voz do Senhor, seu Deus; antes, violaram a Sua aliança e tudo quanto Moisés, servo do Senhor, tinha ordenado; não o ouviram, nem o fizeram.*
>
> (II Reis, 18: 9-12)

Durante os primeiros anos de governo, promoveu uma **reforma efetiva** tanto em Judá quanto em partes de Israel. Gusso (2003, p. 120) lembra que Ezequias "procurou recolocar o culto a Javé no seu lugar de direito". Uma vez que Judá já era serviçal da Assíria, Ezequias reconheceu a soberania de Sargão II (721 a.C.-705 a.C.). Mesmo com as tropas enviadas para Asdode em 711 a.C., o rei de Judá não sofreu graves interferências por parte da Assíria.

Imediatamente, Ezequias reabriu as portas do templo. Os levitas foram chamados para reparar e limpar o lugar do culto (Gusso, 2003). O que havia sido utilizado para os ídolos foi suprimido e lançado ao Rio Cedrom, ao passo que os vasos sagrados profanados por Acaz foram santificados e consagrados. Em 16 dias, o templo estava pronto para o culto.

Ezequias e os oficiais de Jerusalém deram início aos sacrifícios no templo. Grupos musicais com harpas, címbalos e liras também participaram, conforme o costume nos tempos de Davi. Os cânticos litúrgicos eram acompanhados com a apresentação de holocaustos. Os cantores louvavam a Deus com palavras de Davi e Asafe, enquanto o povo prestava culto. A fim de cicatrizar a brecha que havia separado Judá e Israel desde a morte de Salomão, o rei Ezequias enviou cartas país a fora, convidando todos a Jerusalém para celebrar a **Páscoa judaica**. Embora alguns não tivessem atendido ao convite de Ezequias, muitos aceitaram e vieram de Aser, Manassés, Efraim e Issacar, bem como de Judá, para celebrar as festas sagradas.

Reunido em conselho com os que iniciaram o culto no templo, Ezequias anunciou a celebração da Páscoa um mês mais tarde do que o previsto para festejá-la adequadamente. Por outro lado, a observância foi executada de acordo com a Lei de Moisés. A posposição da data foi, antes, uma medida de conciliação para contemplar a participação das tribos do norte que observaram a data instituída por Jeroboão (I Reis, 12: 32).

Tendo alguns sacerdotes chegado sem a devida santificação, Ezequias orou por sua limpeza. Uma grande congregação se reuniu em assembleia em Jerusalém para tomar parte na reforma executada. Os altares de toda a capital foram arrancados e lançados ao Vale do Cedrom para ser destruídos. O povo, conduzido por sacerdotes e levitas, ofereceu sacrifícios, cantando com muito júbilo, alegrando-se ante o Senhor. Desde a dedicação do templo, Jerusalém jamais testemunhara celebração tão festiva. "Fez uma festa no oitavo mês, no dia décimo quinto do mês, igual à festa que se fazia em Judá, e sacrificou no altar; semelhantemente fez em Betel e ofereceu sacrifícios aos bezerros que fizera; também em Betel estabeleceu sacerdotes dos altos que levantara" (I Reis, 12: 32).

Iniciando em Jerusalém, a reforma se estendeu por Judá, Benjamim, Efraim e Manassés. Lawrence (2008, p. 92) acrescenta que Ezequias, inclusive, "despedaçou a serpente de bronze confeccionada por Moisés no deserto (Números 21: 4-9), a qual havia-se tornado objeto de adoração". Inspirado pelo exemplo do rei e de sua liderança, o povo dedicou-se a destruir os lugares altos, as colunas, os aserins e os altares pagãos que ainda havia em Israel.

Da mesma forma, Gusso (2003) destaca que, em Jerusalém, Ezequias organizou os sacerdotes e os levitas para oficiarem os serviços regulares. O dízimo foi restituído para ajudar os que dedicavam sua vida à Lei do Senhor. Também fizeram um plano para a observância regular das festas e estações, conforme prescrito pela Lei (II Crônicas, 31: 2-10). O povo atendeu tão generosamente a Ezequias que as contribuições foram suficientes para sustentar os sacerdotes e levitas dedicados ao serviço do Senhor. A reforma promovida por Ezequias foi muito exitosa, cumprindo seu intento de conformar as práticas religiosas de seu povo à Lei e aos mandamentos de Deus. Em todo esse programa de reforma religiosa, não há menção a Isaías, cujo livro, por sua vez, não alude à reforma de Ezequias.

Mesmo tendo Acaz desafiado Israel, é razoável assumir que Ezequias e Isaías cooperaram para restaurar o culto de Deus. Além disso, a conquista de Asdode pelos assírios foi a ocasião oportuna para Isaías advertir profeticamente que era inútil para Judá depender do Egito para sua libertação. Afortunadamente, Ezequias não se envolveu na rebelião de Asdode, evitando o ataque a Jerusalém (Lawrence, 2008).

Com a morte de Sargão II (705 a.C.), a revolução eclodiu em vários lugares do Império Assírio. Em 702 a.C., Merodaque-Baladã foi subjugado, destronado da Babilônia e substituído por Bel-Libni, um caldeu nativo, provavelmente membro da mesma família real. Com outras nações no Crescente Fértil rebeladas contra ele, Senaqueribe, filho de Sargão II, realocou seus exércitos a oeste. Após subjugar a Fenícia e demais resistências costeiras, os exércitos assírios ocuparam triunfalmente o território dos filisteus em 701 a.C.

Ezequias participou do ataque assírio. Seguindo sua grande reforma religiosa, concentrou-se em um **programa de defesa**, aconselhado pelos oficiais mais importantes de seu governo. As fortificações ao redor de Jerusalém foram devidamente reforçadas. Os artesãos produziram escudos e armas, e os comandantes organizaram as forças de combate. Lawrence (2008) destaca que, para assegurar a Jerusalém um abastecimento de água adequado durante um cerco prolongado, Ezequias construiu um túnel que se conectava à fonte de Siloé e aos mananciais de Giom. Trata-se do "arqueduto de Siloé" (Lawrence, 2008, p. 94). Através de 533 m de rocha sólida, os engenheiros judeus canalizaram água fresca e potável do tanque de Siloé, também construído à época. Desde sua descoberta, em 1880, quando foram decifradas as inscrições em seus muros, o **túnel de Siloé** tornou-se uma importante atração turística. Aliás, atualmente, uma inscrição em hebraico com detalhes da construção "faz parte do acervo do Museu Arqueológico de

Istambul" (Lawrence, 2008, p. 95). O tanque de Siloé, situado ao sul de Jerusalém, foi protegido por uma extensão da muralha para esconder essa fonte vital. Quando os exércitos assírios marchavam sobre Jerusalém, outras fontes foram bloqueadas para que o inimigo não pudesse utilizá-las.

Embora Ezequias tenha feito o que estava a seu alcance ao preparar-se para o ataque assírio, não dependeu exclusivamente dos recursos humanos. Antes, quando o povo se reuniu em assembleia na praça da cidade, Ezequias os alentou, expressando corajosamente sua confiança em Deus: "Com ele está o braço de carne, mas conosco o Senhor nosso Deus, para nos ajudar, e para guerrear por nós" (I Crônicas, 32: 8).

A ameaça de Senaqueribe ao reino de Judá se concretizou em 701 a.C. Já que o relato bíblico (II Reis, 18-20; II Crônicas, 32; Isaías, 36-39) se refere a Tiraca, que chegou a ser corregente do Egito em 689 a.C., parece verdade que esse rei assírio tivesse realizado outro intento para submeter Ezequias, aproximadamente em 688 a.C.

De acordo com Lawrence (2008), pode-se afirmar que, com base em recentes estudos, integrando a história secular à narrativa bíblica, constata-se o seguinte: oriundos do norte, os assírios entraram na Palestina tomando Sidom, Jope e outras cidades da rota de penetração.

Durante o cerco e a conquista de Ecrom, Senaqueribe derrotou os egípcios em Elteque. Ezequias foi forçado a abandonar Padi, o rei de Ecrom a quem fizera cativo, e a pagar um pesado tributo, despojando o templo de grande quantidade de ouro e prata (II Reis, 18: 14).

Mapa 5.1 – Império Assírio (cerca de 700 a.C.)

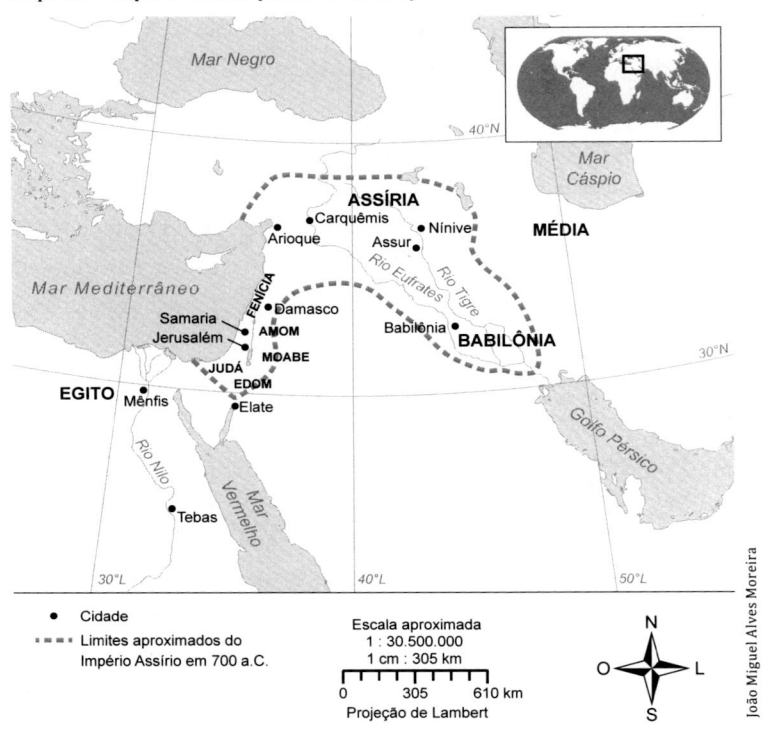

*Fonte: Elaborado com base em Schultz, 1983.*

Provavelmente, durante o período de pressão assíria (701 a.C.), Ezequias caiu gravemente enfermo. Gusso (2003) assinala que, a despeito da advertência de Isaías ao rei para se preparar para a morte, Deus interveio. A promessa divina para o rei de Judá foi dupla: a prolongação de sua vida por mais 15 anos e a libertação de Jerusalém da ameaça assíria.

*Então, veio a palavra do Senhor a Isaías, dizendo: Vai e dize a Ezequias: Assim diz o Senhor, o Deus de Davi, teu pai: Ouvi a tua oração e vi as*

*tuas lágrimas; acrescentarei, pois, aos teus dias quinze anos. Livrar-te-ei
das mãos do rei da Assíria, a ti e a esta cidade, e defenderei esta cidade.*
(Isaías, 38: 4-6)

Senaqueribe sitiou Laquis, talvez ciente de que Ezequas pôs toda a sua fé em Deus, acreditando em sua libertação, pois enviou "uma força tarefa liderada por três oficiais: o comandante supremo, o oficial principal e o comandante de campo" (Lawrence, 2008, p. 93). A ideia, sem dúvida, era incitar o povo à rendição. Senaqueribe até afirmou que ele era o comissionado de Deus para demandar a capitulação e citou uma impressionante lista de conquistas de outras nações, cujos deuses não puderam libertá-las. Isaías, contudo, afirmou ao rei e ao povo sua segurança.

*Então, Ezequias, rei de Judá, enviou mensageiros ao rei da Assíria, a Laquis, dizendo: Errei; retira-te de mim; tudo o que me impuseres suportarei. Então, o rei da Assíria impôs a Ezequias, rei de Judá, trezentos talentos de prata e trinta talentos de ouro.* (II Reis, 18: 14)

Enquanto sitiava Libna, Senaqueribe ouviu rumores de uma revolta babilônica. Os assírios partiram imediatamente, conquistando 46 cidades fortificadas pertencentes a Ezequias, entre as quais não citou Jerusalém. Vangloriou-se de ter feito 200 mil prisioneiros de Judá e informou que Ezequias estava confinado em Jerusalém "como um pássaro em sua gaiola" (Lawrence, 2008, p. 92).

A aclamação e o reconhecimento dos países vizinhos expressaram-se em abundantes obséquios e presentes ao rei de Judá. "Muitos traziam presentes a Jerusalém ao Senhor e coisas preciosíssimas a Ezequias, rei de Judá, de modo que, depois disto, foi enaltecido à vista de todas as nações" (II Crônicas, 32: 23).

Merodaque-Baladã, o poderoso líder babilônico que ainda insuflava rebeliões, estendeu sua felicitação a Ezequias, talvez tanto como reconhecimento da feliz recuperação do rei da ominosa opressão decorrente da ocupação assíria (II Crônicas, 32: 31) quanto pela melhora de seu estado de saúde. "Contudo, quando os embaixadores dos príncipes da Babilônia lhe foram enviados para se informarem do prodígio que se dera naquela terra, Deus o desamparou, para prová-lo e fazê-lo conhecer tudo o que lhe estava no coração" (II Crônicas, 32: 31).

A embaixada babilônica provavelmente impressionou-se ante a riqueza de Jerusalém. O triunfo de Ezequias, não obstante, foi moderado pelo subsequente aviso de Isaías de que as sucessivas gerações estariam sujeitas ao cativeiro babilônico. Todavia, a triunfal libertação pode ter dado novo fôlego à vida religiosa, permitindo que a paz e a propriedade prevalecessem durante o longo reinado de Ezequias.

Restando apenas 15 anos até o fim de seu reinado, seria natural que trouxesse seu filho Manassés para junto de si no trono na primeira oportunidade. Em 696 a.C.-695 a.C., aos 12 anos, Manassés se converteu no "filho da lei", iniciando sua corregência.

Na zona do Tigre e do Eufrates, o rei assírio suprimiu as rebeliões e, em 689 a.C., destruiu a Babilônia. Prosseguindo com êxito na Arábia, Senaqueribe soube do avanço de Tiraca. Como o Egito fora o verdadeiro objetivo da campanha assíria em 701 a.C., é possível que Senaqueribe esperasse evitar a interferência de Judá, enviando cartas a Ezequias com um ultimato para submeter-se. Enquanto os oficiais assírios ameaçavam o povo, aquela mensagem dirigia-se a Ezequias pessoalmente. Dessa vez, o rei se dirigiu ao templo para orar; "a resposta é apresentada em detalhes em 2 Reis 19.35" (Lawrence, 2008, p. 94). Por meio de Isaías, recebeu a certeza de que o rei assírio voltaria pelo mesmo caminho de que viera. O relato bíblico não descreve onde, precisamente, o exército estava acampado quando aconteceu a perda de 180 mil combatentes, mas a verdade é que nunca chegou a Jerusalém, pois "algo frustrou sua

investida contra a capital do Reino do Sul" (Lawrence, 2008, p. 94).
O reinado de Ezequias, portanto, prosseguiu em paz.

Diferentemente de muitos de seus antecessores, Ezequias foi sepultado com as honras reais, com sincera devoção pela tarefa realizada ao levar seu povo à grande reforma da história de Judá. Uma vez que o Reino do Norte deixara de ter um governo independente, também absorveu a reforma religiosa. Exceto pela ameaça assíria, Ezequias desfrutou de um reinado pacífico.

Lawrence (2008, p. 92) assevera que os arqueólogos encontraram uma inscrição em um prisma de pedra com um "relato redigido pelo próprio Senaqueribe" a respeito do ataque desferido a Judá no tempo de Ezequias.

••••••••••••••••••••••••••••••••••••••••••••••••••••••••••••

Ezequias, do país de Judá, queria sacudir o meu jugo. Então cerquei 46 das suas cidades fortificadas, defendidas por muros, e mediante tablados de madeira, atacando-as com aparelhagem de assédio, com assaltos da infantaria, invadindo em alguns pontos, abrindo brechas nos muros, conquistei-as, além de inúmeras outras menores. 200.150 jovens e velhos, homens e mulheres, cavalos e burros, asnos, camelos, bois, gado miúdo sem conta, capturei-lhes e levei como despojos. Quanto a ele, encerrei-o como um pássaro na gaiola na sua capital, Jerusalém. Construí fortificações contra ele e aos que saíam das portas da sua cidade fiz pagar caro sua desobediência. Saqueei as suas cidades e o separei do centro de sua terra... e diminuí seu território. Ao precedente tributo acrescentei um imposto como homenagem à minha soberania e o fiz pesar sobre eles. Quanto a ele, Ezequias, o terror o invadiu, juntamente com suas melhores tropas, diante do esplendor da minha autoridade, e se abateu sobre ele o aniquilamento.

••••••••••••••••••••••••••••••••••••••••••••••••••••••••••••

*Fonte: Beaumont, 2012, p. 62.*

Um dos erros de Ezequias, ao fim de seu governo, aconteceu quando ele temeu tanto a morte que implorou por mais vida. Deus lhe concedeu e, nesse período, nasceu um dos piores reis de Judá: Manassés.

### 5.1.14 Manassés

A Manassés é creditado o mais longo reinado da história de Judá (II Reis, 21: 1-17; II Crônicas, 33: 1-20), incluindo os dez anos da corregência com Ezequias. Reinou por um extenso período de 54 anos (696 a.C.-642 a.C.), mas foi a antítese do governo anterior, ou seja, "desfez todo o bom trabalho do pai" (Beaumont, 2012, p. 64). Sob seus auspícios, o Reino do Sul despencou do mais intenso fervor religioso para a idolatria mais rasteira que se conheceu. No caráter e na prática, assemelhava-se ao avô, Acaz, ainda que morto antes do nascimento do neto. Manassés provavelmente subverteu a política do pai apenas após sua morte.

Ezequias coordenou uma das maiores reformas religiosas de Judá, reabrindo o templo, restaurando os sacrifícios e as ordens dos sacerdotes e levíticos e conclamando todos os remanescentes das 12 tribos para adorarem juntos em Jerusalém. Manassés, ao contrário do pai, retomou a construção dos lugares altos, edificando altares a Baal e construindo aserins, e fomentou uma **terrível idolatria**, a exemplo de Acabe e Jezabel no Reino do Norte (Beaumont, 2013). Por meio de ritos religiosos e cerimônias, instituiu-se o culto às estrelas e aos planetas. A divindade amonita Moloque foi reconhecida pelo rei hebraico, com sacrifício de crianças no Vale de Hinom, nos arredores de Jerusalém.

Os sacrifícios humanos figuravam entre os mais abomináveis rituais do paganismo cananeu, sendo associados ao culto ao demônio, conforme expressa o salmista: "Deram culto a seus ídolos, os quais se lhes converteram em laço; pois imolaram seus filhos e suas filhas aos demônios e derramaram sangue inocente, o sangue de seus filhos e filhas, que sacrificaram aos ídolos de Canaã; e a terra foi contaminada com sangue" (Salmos, 106: 36-38).

Gusso (2003) ressalta que, durante o reinado de Manassés, a astrologia, a adivinhação e o ocultismo foram oficialmente reconhecidos como práticas permitidas e comuns. Em notório desafio ao verdadeiro Deus, os altares para o culto das hostes celestiais foram colocados nos átrios do templo, com imagens entalhadas de Asherah, esposa de Baal. "Além disso, Manassés derramou muitíssimo sangue inocente, até encher Jerusalém de um ao outro extremo, afora o seu pecado, com que fez pecar a Judá, praticando o que era mau perante o Senhor" (II Reis 21: 16).

Perfeitamente, é possível inferir que muitas vozes de protesto diante de tão monstruosa idolatria foram sufocadas e afogadas em sangue (II Reis, 21: 16). Tendo em vista que a última menção ao grande profeta Isaías, no relato bíblico, remete a Ezequias, é razoável supor ser verdade o martírio de Isaías sob o perverso jugo de Manassés. A moral e a religiosidade em Judá estavam em condições inferiores às das nações exterminadas ou expulsas de Canaã. Assim, Manassés representa o ponto mais vil da iniquidade na extensa lista dos reis da dinastia davídica, podendo-se afirmar seguramente que "foi um dos piores reis de Judá" (Gusso, 2003, p. 121). Os juízos anunciados por Isaías eram questão de tempo.

Os relatos históricos não indicam o quanto Manassés pode ter sido influenciado pela Assíria no que tange à sua conduta e à sua política idólatra. A Assíria atingiu seu clímax de riqueza e prestígio sob Esar-Hadom e Assurbanipal. Lawrence (2008, p. 98) diz que "os reis assírios Esar-Hadom e Assurbanipal fazem referência a Manassés em 676 a.C. e por volta de 666 a.C., respectivamente, como um rei que pagou tributos".

Ao contrário de Senaqueribe, Esar-Hadom adotou uma política de conciliação e reconstruiu a Babilônia. Em 678 a.C., subjugou Tiro, embora a população tenha fugido para as fortalezas próximas das ilhas. Mênfis foi ocupada em 673 a.C. e, poucos anos depois, Tiraca, o último rei da XXV dinastia, foi capturado. Em sua lista de 22 reis desde a nação heteia, Esar-Hadom menciona Manassés, rei de Judá, entre os que fizeram uma visita forçada a Nínive em 678 a.C. (Lawrence, 2008).

Embora reconstruída à época, é bem provável que a Babilônia tenha sido tomada por Esar-Hadom. Após a destruição de Tebas em 663 a.C., Assurbanipal estendeu o poder assírio a 805 km ao longo do Nilo, chegando ao Alto Egito. Uma sangrenta guerra civil abalou todo o Império Assírio (652 a.C.) na Revolta de Samasumukim.

Com o tempo, a rebelião atingiu o clímax na **conquista da Babilônia** em 648 a.C. e outras rebeliões eclodiram na Síria e na Palestina. Judá pode ter participado, unindo-se a Edom e Moabe, mencionadas nas inscrições assírias. Moabe perdeu sua autonomia naquele tempo e o rei de Judá, Manassés, foi feito prisioneiro e levado para a Babilônia, mas depois libertado (II Crônicas, 33: 10-13).

Apesar de não haver uma informação cronologicamente definitiva para datar o tempo exato do cativeiro de Manassés e sua libertação, o relato bíblico dá a entender ter sido na última década de seu reinado. De acordo com Lawrence (2008), se ele foi capturado em 648 a.C. e devolvido a Jerusalém como rei submisso no mesmo ano, o tempo não foi "suficiente para reparar os estragos que ele mesmo havia causado" (Gusso, 2003, p. 121). Contudo, arrependeu-se no cativeiro e, então, reconheceu a Deus. Em uma reforma iniciada em Jerusalém, deu exemplo do temor divino e ordenou ao povo de Judá que servisse somente ao Senhor Deus de Israel.

*Falou o Senhor a Manassés e ao seu povo, porém não lhe deram ouvidos. Pelo que o Senhor trouxe sobre eles os príncipes do exército do rei da Assíria, os quais prenderam Manassés com ganchos, amarraram-no com cadeias e o levaram à Babilônia. Ele, angustiado, suplicou deveras ao Senhor, seu Deus, e muito se humilhou perante o Deus de seus pais; fez-lhe oração, e Deus se tornou favorável para com ele, atendeu-lhe a súplica e o fez voltar para Jerusalém, ao seu reino; então, reconheceu Manassés que o Senhor era Deus.* (II Crônicas, 33: 10-13)

## 5.1.15 Amom

Amom (642 a.C.-640 a.C.) sucedeu seu pai, Manassés, como rei de Judá. Pecaminosamente, deu sequência às práticas idolátricas implantadas e promovidas por Manassés durante a maior parte de seu reinado, mas, "diferentemente de seu pai, não se humilhou" (Lawrence, 2008, p. 99).

Em 640 a.C., "acabou sendo morto por seus próprios servos, vítima de uma conspiração, em sua casa" (Gusso, 2003, p. 121). O péssimo exemplo de seus dois anos de breve reinado proporcionou a Judá a oportunidade para reverter aquele terrível estado de apostasia.

Durante os dois últimos séculos, a situação e a fortuna do Reino do Sul sofreram graves variações. Os reinados de Atalia, Acaz e Manassés caracterizaram-se por uma desenfreada idolatria. A reforma religiosa começou com Joás, foi potencializada por Uzias e atingiu um nível extraordinário sob o governo de Ezequias. Politicamente, Judá chegou ao ponto mais baixo nos dias de Amazias, quando Joás, procedente do Reino do Norte, invadiu Jerusalém. Durante esses dois séculos, a prosperidade e o governo de Judá padeceram sob os gananciosos interesses expansionistas dos reis assírios.

## 5.16 Josias

Mapa 5.2 – Reino de Josias (aproximadamente 625 a.C.)

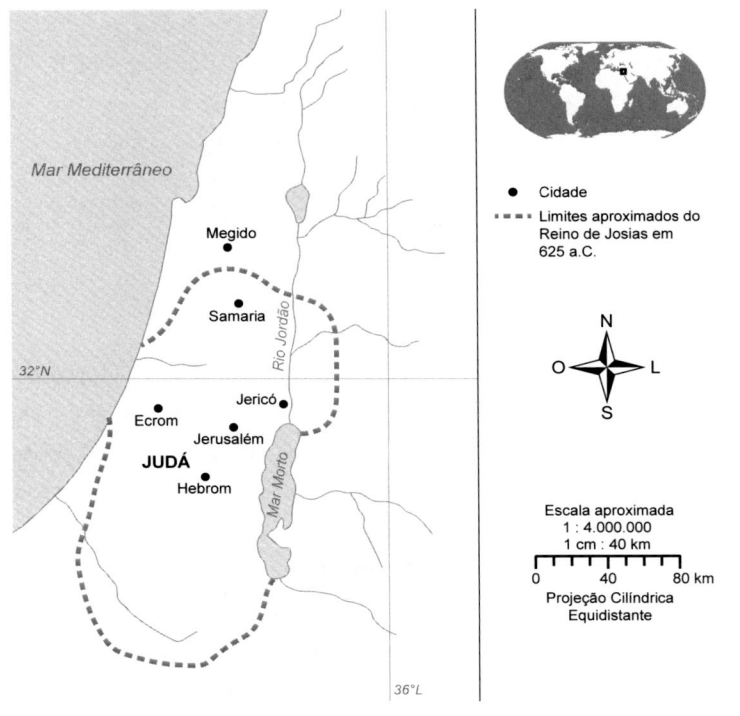

*Fonte: Elaborado com base em Schultz, 1983.*

Com a idade precoce de oito anos, Josias foi coroado rei repentinamente, em sucessão ao pai, Amom. Reinou por 31 anos (640 a.C.-609 a.C.) e foi morto na Batalha de Megido. Os feitos de Josias (resumidos em II Reis, 22: 1-23.30 e II Crônicas, 34: 1 a 35: 27) estão ligados, sobretudo, a seu "programa de reforma radical" (Lawrence, 2008, p. 100), pelos quais ele é reconhecido como "um dos mais piedosos reis de Judá" (Gusso, 2003, p. 121).

O enfraquecimento da influência assíria nos derradeiros anos de Assurbanipal, que morreu aproximadamente em 630 a.C., possibilitou a Judá estender sua influência sobre o território do norte. Nesse sentido, Lawrence (2008, p. 100) destaca que o raio das ações de Josias abrangeu "Jerusalém, mas também as cidades dos territórios de Manassés, Efraim e Simeão. [...] e chegou até Naftali, que em outros tempos havia pertencido ao Reino do Norte". Gusso (2003, p. 121) ainda acrescenta que tal influência alcançou "a região da Galileia". Portanto, os líderes políticos anteciparam a ação de incluir as tribos do norte e as fronteiras do reino salomônico no Reino do Sul.

A queda de Nínive em 612 a.C. pelos exércitos aliados de Média e Babilônia favoreceu os planos de Judá. Durante esse período, permeado por grande instabilidade política e revoltas e rebeliões no leste, Judá libertou-se plenamente do jugo assírio – o que, naturalmente, fez ressurgir o **nacionalismo**. Diante desse contexto, Gusso (2003, p. 121) ressalta que Josias "se rebelou contra o jugo da Assíria, negando as honrarias que eram prestadas aos seus deuses em Judá por aquela época".

Com a idolatria tão difundida no reino, não se pode saber ao certo se a reforma de Manassés tinha alcançado a massa do povo, especialmente se seu cativeiro e seu retorno ocorreram durante a última década de reinado. O perverso reinado de dois anos de Amom propiciou tempo suficiente para que o povo regressasse à idolatria na política e na administração do reino, sendo provável que ainda continuasse em voga quando seu filho de apenas oito anos foi subitamente elevado ao trono. Com a apostasia em abundância, Judá não podia esperar outra coisa senão o juízo divino, de acordo com as advertências feitas por Isaías e outros profetas. Entretanto, ocorreu o oposto, pois, "espelhando-se em seu herói Davi, Josias decidiu, aos 16 anos de idade, seguir a Deus, exatamente com Davi havia feito, e começou a remover tudo o que estivesse vinculado a Baal – 2 Crônicas 34: 3-7" (Beaumont, 2012, p. 64).

À medida que Josias crescia e amadurecia, reagia às condições pecadoras de seu tempo. Aos 16 anos, abraçou a ideia de Deus. Em quatro anos, sua devoção a Deus solidificou-se a ponto de iniciar uma **reforma religiosa** em 628 a.c., cujo clímax aconteceu em 622 a.C., com a celebração da "Páscoa, que há tempos vinha sendo negligenciada" (Beaumont, 2012, p. 64).

Embora as Escrituras silenciem a respeito das atividades específicas durante os 13 anos restantes de seu reinado, Josias continuou sua piedosa regência com a certeza de que a paz prevaleceria durante o resto de sua vida.

> *Pelo que eu te reunirei a teus pais, e tu serás recolhido em paz à tua sepultura, e os teus olhos não verão todo o mal que hei de trazer sobre este lugar e sobre os seus moradores. Então, levaram eles ao rei esta resposta. Então, deu ordem o rei, e todos os anciãos de Judá e de Jerusalém se ajuntaram. O rei subiu à Casa do Senhor, e todos os homens de Judá, todos os moradores de Jerusalém, os sacerdotes, os levitas e todo o povo, desde o menor até ao maior; e leu diante deles todas as palavras do Livro da Aliança que fora encontrado na Casa do Senhor.* (II Crônicas, 34: 28-30)

Não há em Reis nem em Crônicas uma ordem detalhada e cronológica dos acontecimentos. Os sucessos resumidamente registrados nesses livros sagrados talvez sejam aplicáveis ao período como um todo. À época, era estratégica e politicamente seguro para Josias suprimir qualquer prática religiosa associada à submissão de Judá à Assíria.

Medidas drásticas foram necessárias para suprimir a idolatria no país. Após um levantamento de 12 anos a respeito das condições reinantes, Josias afirmou com coragem sua autoridade real e aboliu as práticas pagãs por todo o território de Judá, bem como nas tribos do norte. Lawrence (2008, p. 100) assim resume suas ações: "Despedaçou ou queimou os objetos, altares e ídolos pagãos, erradicou os sacerdotes pagãos e prostitutos cultuais, profanou os altos e removeu elementos pagãos que haviam sido colocados no templo do Senhor".

Os altares de Baal foram derrubados, os aserins, por sua vez, destruídos e os vasos sagrados dedicados ao culto idolátrico, retirados. No templo, onde as mulheres teciam véus para Asherah, foram eliminados também os lugares de culto à prostituição. Os cavalos, dedicados ao Sol, foram removidos da entrada do templo e 108 carros foram queimados. A abominável prática pagã do sacrifício de crianças foi enfim erradicada. Os altares erigidos por Manassés no átrio do templo foram despedaçados, e seus restos, espalhados por todo o Vale do Cedrom. Igualmente, alguns dos "lugares altos" erigidos por Salomão, que haviam sido de uso corrente, foram desmontados e destruídos por Josias.

Os sacerdotes consagrados ao culto do ídolo foram destituídos de seu ofício por decreto real, uma vez que haviam atuado exclusivamente devido à nomeação dos reis anteriores. Uma vez depostos, cessou completamente a queima de incenso a Baal, ao Sol, à Lua e às estrelas. Josias aproveitou o valor daquele momento em benefício do regresso ao templo.

Lawrence (2008) lembra que até o altar erigido por Jeroboão I em Betel foi destruído por Josias. Durante quase 300 anos, aquele fora o lugar alto público para se praticar a idolatria e o culto pagão introduzidos pelo primeiro governante do Reino do Norte. Esse altar foi totalmente destruído e a imagem de Asherah, possível substituta do bezerro de ouro, queimada. Quando os ossos do cemitério adjunto foram recolhidos para a purificação pública daquele lugar alto, Josias comparou a existência do monumento ao profeta de Judá que tão bravamente denunciara Jeroboão (I Reis, 13). Ao ser informado de que o homem de Deus estava ali sepultado, Josias ordenou que o túmulo não fosse aberto. Por outro lado, queimou "os ossos dos sacerdotes de deuses estrangeiros em seus altares pagãos" (Lawrence, 2008, p. 100), cumprindo-se, assim, a profecia bíblica:

> Eis que, por ordem do Senhor, veio de Judá a Betel um homem de Deus; e Jeroboão estava junto ao altar, para queimar incenso. Clamou o profeta contra o altar, por ordem do Senhor, e disse: Altar, altar! Assim diz o Senhor: Eis que um filho nascerá à casa de Davi, cujo nome será Josias, o qual sacrificará sobre ti os sacerdotes dos altos que queimam sobre ti incenso, e ossos humanos se queimarão sobre ti. (I Reis, 12: 1-2)

Por toda parte e em todas as cidades de Samaria, no Reino do Norte, a reforma foi a ordem do dia. Os lugares altos foram destruídos e 100 sacerdotes foram punidos por seu ministério idolátrico.

O clímax da reforma foi a **reparação do Templo de Jerusalém**. Com as contribuições de Judá e das tribos do norte, os levitas encarregaram-se da supervisão do grande projeto. Desde os tempos de Joás, dois séculos antes, o templo ficara sujeito a longos períodos de abandono e descuido, sobretudo durante o reinado de Manassés.

No décimo oitavo ano do reinado de Josias (622 a.C.), quando Hilquias, o sumo sacerdote, começou a arrecadar fundos para distribuir aos trabalhadores, o templo estava sendo reformado. Beaumont (2012, p. 64) destaca que, "durante uma obra de renovação do templo, encontraram o 'Livro da Lei' (II Reis, 22; II Crônicas, 34)". Hilquias o entregou a Safã, escrivão e secretário do rei. Ele o examinou e o entregou a Josias. Impactado pela leitura desse "Livro da Lei do Senhor dado a Moisés", o rei rasgou suas vestes e, advertido do juízo divino que pendia sobre ele, proferido por Hulda, a profetisa,

Josias e seu povo celebraram a **Páscoa** de uma forma sem precedentes na história de Judá.

> *Então, disse o sumo sacerdote Hilquias ao escrivão Safã: Achei o Livro da Lei na Casa do Senhor. Hilquias entregou o livro a Safã, e este o leu. Então, o escrivão Safã veio ter com o rei e lhe deu relatório, dizendo: Teus servos contaram o dinheiro que se achou na casa e o entregaram nas mãos dos que dirigem a obra e têm a seu cargo a Casa do Senhor.*
> (II Reis, 22: 8-9)

O rei ficou completamente perturbado quando comprovou que o povo de Judá havia desviado-se da Lei. Aliás, "Josias se assustou com o quanto Judá havia se desviado de Deus, a ponto de perderem parte das Escrituras e nem mesmo darem por falta!" (Beaumont, 2012, p. 64). Imediatamente, Hilquias e os oficiais do governo receberam ordens de divulgar essa mensagem a todos. Hulda, profetisa habitante de Jerusalém, proferiu uma oportuna mensagem, simples e clara para todos: os castigos e juízos pela idolatria são inevitáveis (II Reis, 22: 16-17). Jerusalém não escaparia à ira de Deus. Josias, porém, seria poupado da angustiante dor de ver a destruição de Jerusalém, pois manifestara arrependimento diante do Livro da Lei.

Liderados pelo rei, os anciãos de Judá, sacerdotes, levitas e o povo de Jerusalém reuniram-se para uma leitura pública do livro redescoberto. Em um pacto solene, o rei Josias, apoiado por todo o povo, prometeu que se dedicaria com todo o coração à plena obediência da Lei. Beaumont (2012, p. 36) destaca que, após tal conhecimento, Josias "colocou em prática o Livro da Lei".

Imediatamente, foram traçados planos para a fiel observância da Páscoa. Sacerdotes foram nomeados para o serviço do templo, enfim restabelecido. Deu-se cuidadosa atenção às prioridades de organização dos levitas, conforme ordenado por Davi e Salomão.

O ritual da Páscoa foi cuidadosamente realizado, obedecendo a tudo o que estava "escrito no livro de Moisés" (II Crônicas, 35: 12). Em plena conformidade com a Lei e com maciça participação, a celebração ultrapassou todas as festividades similares desde os dias de Samuel (II Crônicas, 35: 18). "Puseram de parte o que era para os holocaustos e o deram ao povo, segundo os grupos das famílias, para que estes o oferecessem ao Senhor, como está escrito no Livro de Moisés; e assim fizeram com os bois" (II Crônicas, 35: 12). "Nunca, pois, se celebrou tal Páscoa em Israel, desde os dias do profeta Samuel; e nenhum dos reis de Israel celebrou tal Páscoa, como a que celebrou Josias com os sacerdotes e levitas, e todo o Judá e Israel, que se acharam ali, e os habitantes de Jerusalém" (II Crônicas, 35: 18).

O conteúdo exato do Livro da Lei encontrado no templo não está claramente especificado. No entanto, diversas referências no relato bíblico associam sua origem ao próprio Moisés. Nesse contexto, Beaumont (2012, p. 64) afirma que "a maioria dos estudiosos atualmente pensa tratar-se de Deuteronômio".

Realmente, é um desafio identificar de que parte do Livro da Lei se está referindo, pois ele poderia conter todo o Pentateuco ou somente uma cópia de Deuteronômio. Aqueles que classificam o Pentateuco como uma obra literária composta e finalizada no século V a.C. limitam o Livro da Lei ao Deuteronômio, ou até menos. Uma vez que a reforma iniciou-se seis anos antes, quando o livro foi achado, Josias já tinha o conhecimento da verdadeira religião. Quando o livro foi lido diante dele, ficou aterrorizado ante a falha de Judá em obedecer à Lei. Nenhum registro bíblico indica que o livro tivesse sido publicado naquele tempo ou mesmo ratificado pelo povo. Entretanto, foi considerado detentor de grande autoridade e Josias temeu as consequências da desobediência. O Livro da Lei foi a ordem das práticas religiosas desde Moisés, pautando a conduta de Josué, dos juízes, dos reis e detoda a nação. A notícia que alarmou o rei Josias, quando solicitou conselho profético, foi que "nossos pais não guardaram a palavra do Senhor" (II Crônicas, 34: 21). A ignorância da Lei não era desculpa mesmo que o livro pemanecesse perdido por algum tempo.

Uma intensa idolatria perdurara durante meio século antes do reinado de Josias. De fato, Manassés e Amom perseguiram aqueles que defendiam a prática da verdadeira religião (Lawrence, 2008). Visto que Manassés tinha derramado muito sangue inocente, era razoável ligá-lo à destruição de todas as cópias da Lei que circulavam em Judá. Sem as cópias escritas, Josias provavelmente associou-se aos anciãos e aos sacerdotes, cujo conhecimento da Lei era suficiente para proporcionar-lhe uma instrução oral adequada, lançando as bases da sólida convicção dos primeiros 12 anos de seu reinado de que era necessária e urgente "uma reforma religiosa em toda a nação" (Gusso, 2003, p. 121). Quando o Livro da Lei foi lido diante dele, compreendeu que os castigos e juízos eram consequência dos pecados de um povo idólatra.

A despeito de conhecer profundamente as práticas perversas comuns a seus pais, estava apreensivo ante a possibilidade de que a destruição chegasse a seus dias. Entretanto, "para seu consolo, Josias recebeu a garantia de que não testemunharia a calamidade vindoura" (Lawrence, 2008, p. 100).

O Livro da Lei teria sido realmente perdido? É muito provável que, durante o reinado de Manassés, houvesse quem se interessasse em guardar algumas cópias, e devia haver poucas em circulação, pois eram escritas a mão. Silenciadas as vozes do profeta Isaías e de outros, o número de pessoas justas decaiu rapidamente diante da perseguição. Se Joás, o herdeiro real, pôde ser escondido da pérfida Atalia por seis anos, é razoável concluir que uma cópia do Livro da Lei pudesse ser escondida do impiedoso Manassés por meio século.

Outra possibilidade com relação à preservação desse exemplar é a sugestão respaldada pela arqueologia. Já que informações valiosas e documentos têm sido guardados nas pedras fundamentais dos edifícios, em tempos antigos e modernos, esse exemplar do Livro da Lei pode ter sido escondido na pedra angular do templo, onde os homens encarregados da reforma devem tê-lo achado. Antes de sua morte, Davi encarregou Salomão, seu filho, como rei de Israel, de confirmar tudo o que "está escrito na lei de Moisés" (I Reis, 2: 3). Na construção do templo, ele achou apropriado colocar todo o Pentateuco – ou, ao menos, as leis de Moisés – na pedra fundamental, a pedra angular. Essa inicativa foi, certamente, providencial para a preservação segura do Livro da Lei durante esses três séculos, quando Judá, em várias ocasiões, esteve sujeita a lideranças que desafiavam a aliança feita pelo Senhor com Israel. Retirado do templo nos dias da reforma do rei Josias, o livro se tornou a "palavra viva" uma vez mais no seio de uma geração que o levou consigo para o cativeiro da Babilônia.

É difícil precisar se a reforma religiosa promovida pelo rei Josias representou, de fato, um avivamento genuíno e legítimo entre o povo, pois foi executada sob ordens do rei, intimidando qualquer oposição enquanto ele viveu. A despeito de ser um movimento de grande mudança histórica e renovação espiritual, o fato é que, imediatamente após a morte do rei, o povo recaiu na idolatria sob o reinado de Jeoaquim.

Beaumont (2012) lembra que Jeremias foi chamado para o ministério no décimo terceiro ano de Josias, em 672 a.C. Uma vez que Josias havia começado a reforma, é razoável deduzir que o rei e o profeta trabalharam em íntima cooperação. As predições de Jeremias, 2-4 refletem a força da relação entre Deus e Israel. Assim como a esposa infiel, que quebra os votos do matrimônio, Israel se havia separado de Deus. Jeremias, de forma realista e direta, advertiu-os de que Jerusalém podia esperar o mesmo mal que destruíra Samaria um século antes e, portanto, "caso as coisas não mudassem, o povo sofreria as consequências" (Beaumont, 2012, p. 65). É difícil assegurar o quanto Jeremias, 1-20 se relaciona com os tempos de Josias. Pode soar estranho que a palavra profética tenha vindo de Hulda, e não de Jeremias; quando o Livro da Lei foi lido e houve urgência para solução imediata do problema, o rei pode ter recorrido a Hulda, que residia em Jerusalém, ao passo que Jeremias vivia em Anatote, ao nordeste da cidade e a 5 km de distância.

Quando as notícias da queda de Assur (614 a.C.) e da destruição de Nínive (612 a.C.) circularam por Jerusalém, Josias certamente voltou sua atenção para os assuntos internacionais. Em um momento de falta de preparação militar, Josias cometeu um erro fatal. Em 609 a.C., os assírios lutavam uma batalha perdida, tendo seu governo exilado em Harã. Neco, rei do Egito, marchou com seus exércitos pela Palestina para ajudar os assírios. Como Josias tinha pouco interesse pelos assírios, alocou seus exércitos em Megido para deter os egípcios. Assim, Josias "acabou morrendo, no auge de sua carreira, de uma forma trágica em batalha contra o exército de Neco" (Gusso, 2003, p. 121). O rei foi mortalmente ferido quando seus exércitos se dispersaram. Quando o rei de 39 anos foi sepultado na cidade de Davi, as esperanças nacionais, políticas e religiosas de Judá se desvaneceram. Após 18 anos de íntima cooperação com Josias, o grande profeta Jeremias é assim lembrado: "E Jeremias fez uma lamentação sobre Josias" (II Crônicas, 35: 25).

> Jeremias compôs uma lamentação sobre Josias; e todos os cantores e cantoras, nas suas lamentações, se têm referido a Josias, até ao dia de hoje; porque as deram por prática em Israel, e estão escritas no Livro de Lamentações. Quanto aos atos de Josias e às suas beneficências, segundo

*está escrito na Lei do Senhor, e aos mais atos, tanto os primeiros como os últimos, eis que estão escritos no Livro da História dos Reis de Israel e de Judá.* (II Crônicas, 35: 25-27)

Seu governo restaurou o otimismo perdido. Ressurgiram esperanças de que Judá crescesse internacionalmente e restabelecesse o controle sobre as tribos do norte, à época sob o jugo assírio. Durante a maior parte de seu governo, Josias se dedicou "a renovar a aliança" (Beaumont, 2013, p. 36), a restaurar a fé em Deus e o culto em Jerusalém.

Josias foi um rei bom e justo. Infelizmente, não conseguiu atingir o coração das pessoas. Ele alterou as práticas religiosas, mas as mentes ainda eram idólatras. Sua reforma se mostrou superficial, já que, logo depois de sua morte, o povo regressou à idolatria. Com a morte de Josias, a esperança de uma restauração do reinado davídico nos moldes do período de Salomão sucumbiu.

### 5.1.17 Jeoacaz

Após a morte de Josias, Judá entronizou Jeoacaz, seu filho em 609 a.C., em Jerusalém (II Crônicas, 36: 1-4). Gusso (2003, p. 121) destaca esse momento como "um pesadelo sobre Judá". De fato, o novo rei teve de sofrer as consequências da intervenção de Josias nos assuntos que envolviam os egípcios e, assim, "esteve no governo por apenas três meses" (Gusso, 2003, p. 121). Após sua derrota em Megido, os egípcios marcharam rumo ao norte, para Carquemis, bloqueando temporariamente o avanço babilônico para o oeste. O faraó Neco instalou seu quartel geral em Ribla (II Reis, 23: 31-34). Jeoacaz foi deposto do trono em Judá e levado como prisioneiro ao Egito, via Ribla. Ali, Jeoacaz, também conhecido como *Salum*, morreu – e, assim, cumpriu-se a predição do profeta Jeremias (Jeremias, 22: 11-12).

## 5.1.18 Jeoaquim

O rei Jeoaquim (609-598 a.C.), outro filho de Josias, deu início a seu reinado por imposição do faraó Neco, que, além de rebatizar Eliaquim sob o nome de *Jeoaquim* "como sinal de vassalagem" (Gusso, 2003, p. 122), exigiu um pesado tributo de Judá. "Jeoaquim deu aquela prata e aquele ouro a Faraó; porém estabeleceu imposto sobre a terra, para dar esse dinheiro segundo o mandado de Faraó; do povo da terra exigiu prata e ouro, de cada um segundo a sua avaliação, para o dar a Faraó-Neco" (II Reis, 23: 35).

Durante 11 anos, Jeoaquim foi o rei de Judá, mas permaneceu submisso a Neco até os babilônicos expulsarem os egípcios de Carquemis (605 a.C.). Vale ressaltar que Jeremias enfrentou uma ostensiva oposição enquanto reinou Jeoaquim. Nesse sentido, Lawrence (2012, p. 102) afirma que Jeoaquim, de fato, "se opôs pessoalmente ao profeta Jeremias".

Em pleno átrio do templo, Jeremias predisse o cativeiro da Babilônia para os habitantes de Jerusalém. Ao ouvir que o templo seria destruído, o povo apelou aos líderes políticos para que matassem Jeremias (Jeremias, 26). Entretanto, alguns dos anciãos saíram em sua defesa, aludindo à experiência de Miquéias um século antes, que também anunciara a destruição de Jerusalém, mas Ezequias não lhe fez mal algum. Embora Urias, um profeta contemporâneo, tivesse sido martirizado por Jeoaquim por "profetizar contra a cidade e a terra" (Lawrence, 2008, p. 102), a vida de Jeremias foi salva. Aicão, figura política de destaque, apoiou Jeremias nessa época de perigo.

No decorrer do quarto ano de seu reinado, Jeoaquim "queimou um rolo com palavras de Jeremias que Jeudi havia lido diante do rei" (Lawrence, 2008, p. 102). Ao contrário de Josias, que se arrependeu e se voltou a Deus, Jeoaquim desprezou e desafiou as proféticas advertências que havia ignorado (Jeremias, 36: 1-32).

Jeremias expôs de forma criativa e impressionante a portentosa mensagem ao povo: anunciou que, sob ordens divinas, esconderia seu cinto novo em uma fenda do Rio Eufrates; quando a peça apodreceu pela ação das águas e se tornou imprestável, trouxe-a e a mostrou ao povo, dizendo que assim também Jeová aniquilaria o orgulho de Judá (Jeremias, 13: 1-11).

Certa feita, Jeremias conduziu os sacerdotes e anciãos ao Vale de Hinom, onde eram oferecidos sacrifícios humanos. Despedaçando uma vasilha sacrificial diante da multidão, Jeremias, corajosamente, advertiu que, do mesmo modo, Jerusalém seria estilhaçada em cacos pelo próprio Deus, transformando aquele vale de terror em local de sepultamento. Não é de se estranhar, portanto, que o sacerdote Pasur tenha detido e encarcerado Jeremias por uma noite (Jeremias, 19: 1 a 20: 18). Embora desalentado, Jeremias foi advertido pela lição aprendida na casa do oleiro de que Deus deveria expor Judá ao cativeiro para quebrar a vasilha e moldá-la à Sua maneira.

O quarto ano do rei Jeoaquim (605 a.C.) foi um período crucial para Jerusalém. Na batalha decisiva de Carquemis, no início do verão, os egípcios foram dispersados pelos babilônios. Nabucodonosor tinha avançado o bastante rumo ao sul da Palestina para apanhar tesouros e reféns em Jerusalém. Nessa época, Daniel e seus amigos eram os mais notáveis entre os cativos de Judá (Daniel, 1: 1.). Conquanto Jeoaquim retivesse seu trono, o regresso dos babilônios à Síria em 604 a.C. e a Ascalom em 603 a.C. e um choque com Neco nas fronteiras do Egito em 601 a.C. frustraram qualquer tentativa de pôr fim ao jugo babilônico. Como esse encontro egípcio não foi decisivo, com ambos os exércitos em retirada tendo sofrido graves perdas, Jeoaquim pôde eximir-se de pagar o tributo.

Embora Nabucodonosor não tenha enviado seu poderoso exército a Jerusalém durante todos esses anos, incitou inúmeros ataques a Judá por meio de quadrilhas de salteadores caldeus, apoiados por moabitas, amonitas e sírios.

Em meio a tal **estado de guerra**, o reinado de Jeoaquim acabou bruscamente com sua morte, legando a seu jovem filho Joaquim uma precária política antibabilônica. Os livros de Reis e Crônicas não elucidam a forma como Jeoaquim morreu. O fato de ter queimado os pedaços do rolo de Jeremias antecipou o juízo divino contra si, e seu corpo ficou exposto ao calor durante o dia e à geada durante a noite, indicando que não seria sepultado como rei (Jeremias, 36: 27-32). "Porque assim diz o Senhor acerca de Salum, filho de Josias, rei de Judá, que reinou em lugar de Josias, seu pai, e que saiu deste lugar: Jamais tornará para ali. Mas no lugar para onde o levaram cativo morrerá e nunca mais verá esta terra" (Jeremias, 22: 11-12).

Certa feita, Jeremias predisse que Jeoaquim teria o sepultamento de um asno e seu corpo seria jogado para fora das portas de Jerusalém:

> Portanto, assim diz o Senhor acerca de Jeoaquim, filho de Josias, rei de Judá: Não o lamentarão, dizendo: Ai, meu irmão! Ou: Ai, minha irmã! Nem o lamentarão, dizendo: Ai, senhor! Ou: Ai, sua glória! Como se sepulta um jumento, assim o sepultarão; arrastá-lo-ão e o lançarão para bem longe, para fora das portas de Jerusalém. (Jeremias, 22: 18-19)

Não havendo um relato histórico das circunstâncias da morte de Jeoaquim, sequer a menção de seu sepultamento, a conclusão natural é que esse rei soberbo e desafiador da Lei de Deus morreu em batalha, inviabilizando um sepultamento honorável.

Jeoaquim, também conhecido como *Jeconias*, reinou durante apenas três meses em Jerusalém. Em 597 a.C., os exércitos babilônicos cercaram a cidade. Gusso (2003, p. 122) pontua que o rei, "pensando que a Babilônia estava enfraquecida, deve ter-se rebelado e deixado de pagar tributo". No entanto, mais tarde, ao perceber que seria inútil toda resistência, Jeoaquim rendeu-se a Nabucodonosor. Desta feita, o rei babilônico não se limitou a tomar uns poucos prisioneiros e exigir uma garantia verbal do tributo mediante a aliança correspondente: os babilônios despojaram o templo e os tesouros reais e Jeoaquim e a rainha-mãe foram feitos prisioneiros. "No ano terceiro do reinado de Jeoaquim, rei de Judá, veio Nabucodonosor, rei da Babilônia, a Jerusalém e a sitiou" (Daniel, 1: 1).

Juntos na marcha rumo ao cativeiro na Babilônia, encontravam-se os oficiais do palácio, os altos funcionários da Corte, artesãos e todos os líderes da comunidade. Matanias, rebatizado por Nabucodonosor como Zedequias, ficou encarregado do povo que restou em Jerusalém.

Gusso (2003) ressalta que Jeoaquim pode ter morrido em um momento de cerco da Babilônia quando Jerusalém foi sitiada. Assim, diante da imprecisão, Lawrence (2008, p. 102) destaca que não há "certeza se ele morreu de causas naturais ou como resultado de uma conspiração", sabendo-se apenas que foi durante o período da expansão do domínio babilônico sobre Judá.

## 5.1.19 Joaquim

Morto Jeoaquim pelos babilônios, Joaquim (597 a.C.) assumiu o trono com a missão crucial de resistir ao cerco babilônico a Jerusalém (Gusso, 2003). Tarefa impossível: "Nabucodonosor sitiou a cidade e Joaquim se rendeu" (Lawrence, 2008, p. 102), entregando a cidade e o trono. Após a derrota, os judeus viram seus tesouros serem saqueados do templo e do palácio. Outro grupo de líderes foi levado para a Babilônia, entre os quais "estava um jovem aprendiz de sacerdote chamado Ezequiel" (Lawrence, 2008, p. 102).

*Descansou Jeoaquim com seus pais; e Joaquim, seu filho, reinou em seu lugar. O rei do Egito nunca mais saiu da sua terra; porque o rei da Babilônia tomou tudo quanto era dele, desde o ribeiro do Egito até ao rio Eufrates. Tinha Joaquim dezoito anos de idade quando começou a reinar e reinou três meses em Jerusalém.* (II Reis, 24: 6-8)

## 5.1.20 Zedequias

Zedequias (597-586 a.C.) era o filho mais novo de Josias. Sendo Jeoaquim considerado o legítimo herdeiro do trono, Zedequias foi tido como marionete, subordinado à soberania babilônica. Lawrence (2008, p. 102), inclusive, ressalta que Zedequias foi "convocado a apresentar-se diante dele [Nabucodonosor] na Babilônia em 593 a.C. para jurar lealdade". Após dez anos de uma **política fraca** e vacilante, Zedequias perdeu o direito ao governo total de Judá, e Jerusalém foi destruída em 586 a.C.

Jeremias manteve seu fiel ministério no transcorrer dos angustiosos anos daquele estado de guerra, fome e destruição. Ao ser deixado com as classes mais pobres do povo em Jerusalém, a mensagem de Jeremias foi apropriada para seu auditório, com base em uma visão de dois cestos de figos (Jeremias, 24). Os figos bons simbolizavam os cativos que foram levados ao exílio; os maus, que sequer podiam ser comidos, simbolizavam as pessoas que ficaram em Jerusalém.

Jeremias enviou cartas aos exilados na Babilônia, admoestando-os a adaptar-se às condições do exílio, pois não poderiam esperar o retorno a Judá antes dos 70 anos preditos.

*Toda esta terra virá a ser um deserto e um espanto; estas nações servirão ao rei da Babilônia setenta anos. Acontecerá, porém, que, quando se cumprirem os setenta anos, castigarei a iniquidade do rei da Babilônia e a desta nação, diz o Senhor, como também a da terra dos caldeus; farei deles ruínas perpétuas.* (Jeremias, 25: 11-12)

"Assim diz o Senhor: Logo que se cumprirem para a Babilônia setenta anos, atentarei para vós outros e cumprirei para convosco a minha boa palavra, tornando a trazer-vos para este lugar" (Jeremias, 29: 10).

Zedequias ficara sob constante pressão para unir-se aos egípcios contra a Babilônia, em rebelião. Quando Salmético II sucedeu Neco (594 a.C.), Edom, Moabe, Amom e Fenícia uniram-se ao Egito em uma coalizão antibabilônica, provocando a **crise** em Judá. Com um jugo de madeira no pescoço, Jeremias anunciou, em uma representação dramática, que Nabucodonosor era o servo de Deus ao qual as nações deveriam submeter-se sem reclamar. Zedequias entendeu que a submissão ao rei da Babilônia evitaria a destruição de Jerusalém (Jeremias, 27); entretanto, "ignorando os avisos do profeta Jeremias, acabou se rebelando contra a Babilônia" (Gusso, 2003, p. 122).

Tendo em vista essas mensagens, a oposição a Jeremias crescia à medida que os falsos profetas aconselhavam uma rebelião, iludindo e confundindo os cativos ao lhes dizer que os tesouros do templo logo seriam recuperados. Contrariando o conselho de Jeremias, asseguravam aos exilados o breve retorno ao lar pátrio. Um dia, Hananias tomou o jugo de Jeremias, quebrou-o e anunciou publicamente que o jugo da Babilônia seria igualmente quebrado nos dois anos seguintes. Aterrorizado, Jeremias continuou seu caminho. Logo voltou portando uma mensagem de Deus. Mostrou novamente o jugo, mas, dessa vez, de ferro, e não de madeira, anunciando que as nações sucumbiriam às garras de Nabucodonosor, das quais não haveria escapatória. Jeremias anunciou que Hananias morreria antes do término daquele ano – o que, afinal, se cumpriu. O funeral de Hananias foi a confirmação pública de que o **verdadeiro mensageiro de Deus** era Jeremias.

Embora Zedequias tenha sobrevivido a essa primeira crise, apoiou os planos violentos para a rebelião em 588 a.C., quando o faraó do Egito empreendeu uma expedição à Ásia. Com Amom e Judá rebelados, Nabucodonosor rapidamente se estabeleceu em Ribla, na Síria. Sem perder tempo, seu exército sitiou Jerusalém. Zedequias, mesmo não querendo se render, como lhe havia aconselhado Jeremias, procurou uma solução favorável. Anunciou a libertação dos escravos, que, em tempo de fome, eram vantajosos para seus donos por não ter de lhes dar rações. Quando o assédio a Jerusalém subitamente cessou e as forças da Babilônia rumaram para o Egito, os senhores de escravos de imediato os reclamaram de volta; Jeremias, então, advertiu-os de que os babilônios logo retomariam o assédio (Jeremias, 37).

Um dia, no caminho para Anatote, Jeremias foi detido, espancado e aprisionado sob acusação de ser partidário da Babilônia. Zedequias mandou chamá-lo e, em uma conversa secreta, recebeu, uma vez mais, o aviso de não dar ouvidos àqueles que pregavam a resistência contra a Babilônia e Nabucodonosor.

> *Agora, pois, ouve, ó rei, meu senhor: Que a minha humilde súplica seja bem acolhida por ti, e não me deixes tornar à casa de Jônatas, o escrivão, para que eu não venha a morrer ali. Então, ordenou o rei Zedequias que pusessem a Jeremias no átrio da guarda; e, cada dia, deram-lhe um pão da Rua dos Padeiros, até acabar-se todo pão da cidade. Assim ficou Jeremias no átrio da guarda.* (Jeremias, 37: 20-21)

A seu próprio pedido, Jeremias foi devolvido à prisão, porém, colocado no átrio da guarda. Quando os oficiais do palácio se puseram contra, Zedequias consentiu que matassem Jeremias. Sob consentimento do rei, os príncipes submergiram Jeremias em uma cisterna, na esperança de que se afogaria na lama. A promessa de Deus de libertar Jeremias cumpriu-se quando um eunuco etíope o retirou e o levou de volta ao átrio da guarda.

Lawrence (2008) assinala que, pouco tempo depois, o exército da Babilônia tornou a sitiar Jerusalém. Muitos dos cidadãos certamente aceitaram o fato de que se render a Nabucodonosor era inevitável. Jeremias, então, recebeu nova mensagem divina.

Quando foi lhe dada a oportunidade de adquirir um campo em Anatote, mesmo encarcerado, Jeremias o comprou e logo tomou o devido cuidado de executar a venda legalmente, simbolizando a devolução dos exilados à terra prometida. Em uma última conversa secreta, Zedequias tornou a ouvir a voz súplice de Jeremias. A submissão e a obediência eram preferíveis a qualquer outra coisa. A resistência e a desobediência só atrairiam o desastre.

No verão de 586 a.C., os babilônios entraram em Jerusalém por uma brecha aberta nas muralhas. Zedequias tentou fugir, mas foi capturado e "levado a Ribla, na Síria, onde, depois de testemunhar a morte de seus filhos, foi cegado e deportado para a Babilônia preso em cadeias de bronze" (Lawrence, 2008, p. 102). O grande templo salomônico – o orgulho e a glória de Israel durante quase quatro séculos – foi reduzido a cinzas e a cidade de Jerusalém, deixada em ruínas.

> Assim diz o Senhor: O que ficar nesta cidade morrerá à espada, à fome e de peste; mas o que passar para os caldeus viverá; porque a vida lhe será como despojo, e viverá. Assim diz o Senhor: Esta cidade infalivelmente será entregue nas mãos do exército do rei da Babilônia, e este a tomará. (Jeremias, 38: 2-3)

Zedequias – o mais jovem filho do grande reformador, Josias – foi empossado no trono pelos babilônios. Ao contrário de seu pai, realizou um governo fraco e vacilante; assim, Judá tornou-se uma nação submissa à Babilônia, pagando taxas e pesados impostos a Nabucodonosor (Gusso, 2003). Quando Zedequias se revoltou, a Babilônia respondeu retornando à Palestina para aniquilar o Estado de Judá. Com Jerusalém devastada e o templo ao chão, o rei foi capturado e levado prisioneiro para a Babilônia.

Uma das maiores crises na história do povo de Deus no Velho Testamento foi, precisamente, aquela em que Deus permitiu a queda de suas maiores instituições. Um a um, caíram o templo, os muros, a cidade de Jerusalém e, por fim, a própria soberania nacional. O Reino do Norte sucumbiu ante os terríveis e sanguinários ninivitas; o Reino do Sul caiu pelas mãos dos ímpios e temíveis babilônios.

"Sentença revelada ao profeta Habacuque. Até quando, Senhor, clamarei eu, e tu não me escutarás? Gritar-te-ei: Violência! E não salvarás? Por que me mostras a iniquidade e me fazes ver a opressão? Pois a destruição e a violência estão diante de mim" (Habacuque, 1: 1-3). Essa foi a pergunta levantada pelo profeta Habacuque logo no início de seu livro. Eis a resposta: "Pois eis que levantarei os caldeus, nação cruel e feroz, que percorre toda a extensão da terra, para se apoderar de habitações que não são suas" (Habacuque, 1: 6) – certamente, não era o que o povo ansiava ouvir.

Diante do problema do mal, é natural que algumas especulações tencionem confortar os corações: a) Deus é poderoso, autorizou os homens a fazerem o mal, inclusive contra Seu povo; b) Deus ama Seu povo, mas não pode livrá-lo desses adversários iníquos. Perante tais incertezas, a resposta soberana de Deus permanece a mesma, por meio de Habacuque, Jó, Paulo e outras grandes e notáveis vozes bíblicas: "Quem és tu, ó homem, para questionares a Deus? Acaso, aquilo que foi formado pode perguntar a quem o formou: Por que me fizeste assim?" (Romanos, 9: 20). Deus é soberano, Senhor do ser, e conduz a história de forma incompreensível às pessoas.

Depois do acontecido com Judá, é natural que qualquer historiador esperasse que a minúscula nação desaparecesse do mapa, como aconteceu com Israel, e dela jamais se ouvisse falar novamente. Espantosamente, entretanto, o povo de Deus não apenas sobreviveu como forjou, em meio à desgraça, uma oportunidade para se tornar mais forte e melhor.

Como o ouro purificado pelo fogo, a calamidade nacional fez bem à nação, que se reergueu sabendo como se relacionar com Deus melhor do que os vacilantes e indecisos habitantes do Reino do Sul. Os **profetas** desempenharam um importante papel nesse soerguimento nacional, principalmente Jeremias (Sicre, 2008), cuja missão foi dar sentido e propósito à destruição antes mesmo que ela acontecesse, transformando a tragédia em purificação e o desastre em juízo.

Sicre (2008) destaca que, desde o início de seu ministério profético, Jeremias mostrou que a hipocrisia e a injustiça podem acarretar uma catástrofe irremediável. Ficou famoso seu discurso pronunciado à época do rei Joaquim, demonstrando que apenas a prática da justiça poderia salvar o país. Por dizer isso, foi torturado e preso. Ignorado, o profeta partiu para um realismo assustador: a única solução para o país era se render à Babilônia para evitar o desastre total. Foi acusado de traidor, mas, de fato, tudo transcorreu como ele profetizara. Tão áspera realidade levou "Jeremias a se sentir extremamente deprimido em algumas ocasiões" (Beaumont, 2012, p. 65).

Não fosse Jeremias, possivelmente o povo teria pensado algo como "Se o rei da Babilônia nos venceu, o seu deus é mais forte do que o nosso. Devemos, então, adorar o deus dos babilônios". Com Jeremias, o povo entendeu, após as lágrimas e o luto, que Deus é mais forte, pois não apenas predisse o que aconteceria, como Ele mesmo propiciou o acontecimento, utilizando os babilônios como instrumento de punição. Essa lição dura, mas necessária, remete à aliança firmada no Sinai.

Uma vez que Israel deixou de existir como governo independente, reduzindo-se a uma província da Assíria, a última parte de Reis dedica-se aos relatos sobre o Reino do Sul.

**Saiba mais**

## Israel como reino dividido – Reino do Sul (Judá)

- Época: 931-586 a.C.
- Regime: monarquia davídica, empossando apenas os descendentes de Davi.
- Sistema: tributário.
- Capital: Jerusalém.
- Principais reis: Josafá, Ezequias e Josias.
- Religião: adoração a Javé. Frequentes idolatrias.
- Culto centralizado no templo em Jerusalém.
- Crise: conflitos com Egito, Israel e Síria. Principais adversários:
- Assíria e Babilônia. Tentativas frustradas de alianças.
- Conclusão: nação conquistada pela Babilônia, torna-se colônia e província.

*Fonte: SBB, 2008.*

# Atividades

1. A desobediência do Reino, do Norte, Israel, acarretou as consequências do cativeiro assírio. Entretanto, o Reino do Sul, da mesma forma, teve momentos semelhantes. Qual é a razão, portanto, para que o Reino do Sul tenha prevalecido por mais tempo e, diferentemente de Israel, conseguido retornar à sua terra após o cativeiro babilônico?

2. Qual é a razão pela qual, diferentemente de Israel, Judá teve uma única dinastia governando o povo de Deus?

3. Por vezes, autores como Beaumont (2012; 2013) definem alguns reis de Judá como bons e maus. Escolha dois reis bons na história de Judá, justificando a resposta com as respectivas ações.

4. Agora, escolha dois reis maus na história de Judá, justificando a resposta com as respectivas ações.

5. Quais são as semelhanças entre os reis Josafá e Josias? No que eles diferiram em relação aos demais reis? Qual foi o meio utilizado por Deus para fazê-los retomar o foco de Sua adoração?

6. Jeremias é um dos profetas mais conhecidos na história de Israel e na mensagem bíblica. Por quê? Qual foi a importância de sua mensagem?

*capítulo seis*

O exílio babilônico
e a restauração da terra

# 06

Embora tenha durado apenas 70 anos (607-538 a.C.), o exílio babilônico foi determinante para a história e o caráter de Israel. Como expusemos nos capítulos anteriores, após a queda do Reino do Norte, Judá permaneceu mais cerca de 135 anos em seu território bastante reduzido e como tributário da Assíria durante a maior parte desse período. Porém, a ascensão babilônica sobre a Assíria culminou no cativeiro de Judá pela Babilônia, ao tempo de Nabucodonosor, quando o rei de Judá era Joaquim.

Por volta de 607 a.C., Nabucodonosor, rei do Império Babilônico, atacou Jerusalém, e a maioria dos habitantes – entre eles, Daniel e seus amigos – foi levada sob cativeiro para a Babilônia. Nabucodonosor deportou, primeiramente, os líderes espirituais e culturais de Judá, os chefes religiosos. A conquista final, com a destruição de Jerusalém e do templo, só aconteceu algum tempo depois, assinalando o início dos 70 anos do cativeiro babilônico.

Em 587 a.C., Nabucodonosor tornou a atacar Jerusalém – e a cidade de Davi, queimada pelo fogo, testemunhou a destruição do templo, cujos tesouros caíram nas mãos dos soldados babilônicos na forma de despojos de guerra (Gusso, 2003).

Na história desse povo acostumado a levar golpes, pouca coisa marcou tanto quanto a derrota para os babilônios, a retirada dos vasos sagrados do templo e o exílio da população para o cativeiro. Sicre (2008) e Beaumont (2013) lembram que, nesse período de exílio, surgiram profetas como Habacuque, Daniel e Ezequiel, ao passo que, em Jerusalém, Jeremias continuou exercendo seu ministério profético.

Sob uma perspectiva da narrativa bíblica – entre os Capítulos 32 e 36 de II Crônicas –, é possível encontrar um resumo dos acontecimentos desse período e, assim, perceber as circunstâncias do término do Estado judeu na Palestina. Essa parte da história bíblica de Israel é o objeto de estudo deste capítulo.

## 6.1 A vida dos que ficaram em Judá

Nem todos os judeus foram levados para o exílio, que não ocorreu de uma só vez. De fato, foram levados "para o exílio o povo da cidade, os que passaram para o lado da Babilônia e o restante da população, deixando apenas o povo mais pobre da terra para cuidar das vinhas e dos campos" (Lawrence, 2008, p. 102).

Tanto Lawrence (2008) quanto Beaumont (2013) descrevem quatro momentos de deportação do povo de Deus para o cativeiro babilônico:

1. **Primeira deportação:** ocorreu ainda no governo de Jeoaquim, em 605 a.C., fazendo com que o rei se tornasse vassalo de Nabucodonosor.
2. **Segunda deportação:** após uma rebelião em 601 a.C., aproximadamente, Jeoaquim foi levado preso para a Babilônia. Quando seu filho Joaquim assumiu o trono, em 597 a.C., ele e vários cidadãos foram deportados.
3. **Terceira deportação:** ocorreu após outra rebelião de um governante. Zedequias foi sitiado por Nabucodonosor em Jerusalém, culminando na terceira deportação, em 587 a.C.
4. **Quarta deportação:** após a morte de Gedalias, provisoriamente nomeado pelo imperador para governar Judá, vários judeus fugiram para o Egito. Restavam poucos habitantes em Jerusalém, permitindo que outro grupo fosse levado para o exílio em 582 a.C., conforme o relato de Jeremias, 52: 30.

As deportações culminaram no exílio babilônico. Tanto os judeus exilados quanto os remanescentes não cessaram de buscar a Deus à sua maneira. Sem o templo, ainda tinham a Lei, elo que os ligava à aliança.

Os remanescentes levavam uma vida difícil, de condições precárias e tristes. Jerusalém, mesmo destruída, ainda contava com uns poucos moradores. O templo, também em ruínas, ainda era lugar de alguns singelos atos de culto. Eis um melancólico registro de tais dias de angústia:

> *Lembra-te, ó Senhor, do que nos tem sucedido, considera e olha nossa vergonha. Nossa herança passou para os estrangeiros, e nossas casas para os desconhecidos. Somos órfãos, não temos pai, nossas mães são como viúvas. Nossa água por dinheiro a bebemos; nossa lenha por preço. Nossos perseguidores estão sobre nossos pescoços; estamos cansados e não temos descanso. Nós estendemos as mãos aos egípcios e aos assírios,*

*para nos saciarmos de pão. Nossos pais pecaram, já não existem, mas nós carregamos suas faltas. Servos dominam sobre nós, ninguém nos livra de suas mãos. Nós trazemos nosso pão, com o risco de nossas vidas, por causa da espada do deserto. Nossa pele se queimou como um forno, por causa do ardor da fome. Eles desonram as mulheres em Sião, as virgens nas cidades de Judá. Os príncipes foram enforcados pelas mãos deles; as faces dos anciãos não foram reverenciadas. Levaram os jovens a moer, e os meninos caíram debaixo das cargas de lenha. Os velhos cessaram de ir às portas, os jovens cessaram sua música. A alegria de nosso coração cessou, nossa dança se converteu em lamentação. A coroa caiu de nossa cabeça; ai de nós, porque pecamos! Por isso, nosso coração está doente, por isso, nossos olhos se escureceram. Sobre o monte Sião, o qual está desolado, raposas andam por ele. Tu, Senhor, permaneces para sempre, teu trono é de geração para geração. Por que nos esquecerias para sempre, nos abandonarias por todos os dias? Retorna-nos para ti, ó Senhor, e assim voltaremos. Renova nossos dias como dantes. A não ser que rejeitaste totalmente, e sem medida irritaste contra nós.* (Lamentações, 5: 1-22)

A nação de Israel viveu seu auge no período de Davi e Salomão. Floresceram a riqueza, a honra e a fama, mas também a vaidade, a idolatria e a rebeldia contra Deus. As consequências vieram na forma de sucessivos fracassos de governo, tanto para as tribos do norte quanto para as do sul.

O Reino do Norte, sob a liderança de várias dinastias diferentes, rendeu-se sob Sargão II, rei da Assíria, em 722 a.C. Com a capital, Samaria, destruída, os judeus do norte foram desterrados e pulverizados por terras estranhas, até desaparecerem.

O Reino do Sul subsistiu um pouco mais, mas, envolvido nos mesmos erros dos conterrâneos do norte, foi vitimado pelos babilônios – que, diferentemente dos assírios, preferiram exilar os judeus a desterrá-los. Gusso (2003, p. 125) sintetiza:

O cativeiro babilônico surgiu como uma consequência natural para Judá que, separado do outrora império liderado por Davi e Salomão, da mesma forma que Israel, o Reino do Norte, se tornou um pequeno e fraco país entre nações fortes e ávidas de expansão territorial. Mais cedo ou mais tarde, se dependesse apenas de suas habilidades para sobreviver, inevitavelmente, isto aconteceria como aconteceu.

## 6.2 A vida na Babilônia

O exílio babilônico, portanto, foi muito mais brando do que o cativeiro egípcio. Desse modo, "ao contrário da Assíria e de sua política de dispersão dos povos conquistados, a Babilônia permitiu que seus vassalos mantivessem sua identidade" (Beaumont, 2012, p. 68). A política babilônica concedeu várias liberdades sociais e religiosas para os conquistados. A história de Daniel ilustra perfeitamente isso, apresentando a possibilidade concreta de um judeu ascender política e financeiramente na Babilônia.

Os judeus ainda podiam viver reunidos em comunidades, não sendo obrigados a se misturar a outros povos, preservando os laços sanguíneos e a própria cultura. Exilado, o povo de Deus se envolveu com construções, possuindo casa e tornando-se comerciantes e banqueiros. Embora conservassem suas tradições, "adotaram o aramaico, a língua babilônica" (Beaumont, 2013, p. 38).

Antes do exílio, eles se dedicavam, geralmente, à agricultura e à pecuária. Uma vez exilados, aperfeiçoaram a arte do comércio e se tornaram os melhores vendedores, com muitas famílias judaicas enriquecendo.

Os babilônios, com algumas exceções, permitiam que os exilados cultuassem seu Deus, experimentando uma transição em que "transformaram a nação de Judá em uma comunidade de fé posteriormente conhecida como judaísmo" (Beaumont, 2012, p. 68). Assim, portanto, foram mantidos o sacerdócio e as instituições religiosas judaicas. O sábado, a circuncisão, o jejum e o estudo da Lei continuaram regularmente. Aliás, conforme bem adverte Sicre (2008), muitos profetas ministraram ao povo durante o exílio. Ezequiel, Daniel e outros, menos conhecidos, consolavam o povo com a palavra de Deus, bradando: "O povo não foi rejeitado. Ainda há esperança".

As principais **contribuições do exílio** para o povo de Deus consistem no surgimento de algumas instituições, como a sinagoga, com o intuito de dar continuidade à cultura e aos conhecimentos dos judeus. Na ausência do templo, servia também como local de culto e adoração. A leitura da Lei tomou o lugar do sacrifício. Em vez do sangue dos animais, o povo cultuava por meio do estudo e da pregação da palavra de Deus.

**Saiba mais**

# O que é a sinagoga?

Sinagoga era o lugar onde o povo judeu se reunia para a oração, para ouvir a palavra de Deus e para a pregação. Em geral, a sinagoga pertencia à comunidade local. Nos povoados menores, ela servia também de escola para jovens e crianças. Nos centros maiores, construíram-se salas de aula, ao lado da sala de reunião. Em Jerusalém, algumas sinagogas tinham até hospedaria e instalações para os peregrinos. Enquanto o Templo era o lugar de culto e sacrifícios, frequentado pelo povo por ocasião das grandes festas, as sinagogas eram os centros religiosos e educacionais espalhados por todo o país, presentes até mesmo nos menores povoados. Até hoje os judeus do mundo inteiro têm suas sinagogas.

Fonte: Balancin, 1989, p. 86.

## 6.3 A influência sobre a religião judaica

A religião judaica sofreu significativa transformação no cativeiro babilônico. Gusso (2003, p. 141-142) lembra que o povo passou por uma "crise muito séria na religião", elencando os motivos:

- Ausência do templo (morada de Javé, para os judeus).
- Deus parecia estar enfraquecido ante os deuses estrangeiros, afinal, permitiu o domínio babilônico.
- A atuação do Deus de Israel se restringia ao contexto geográfico de Israel (Salmos, 137: 4).

Por outro lado, Beaumont (2013, p. 74) lembra que "os babilônios acreditavam que o mundo estava repleto de demônios esperando para dar o bote a qualquer momento", ou seja, com base em semelhante crença, o mundo seria habitado por demônios, espíritos hostis, menores que os deuses em dignidade e poder, que ficariam em desertos, lugares escuros ou cemitérios.

No exílio, o povo de Deus teve contato com povos de outras realidades religiosas, como os persas, que substituíram os babilônios no controle do império e permitiram a reorganização dos judeus na Palestina.

A grande característica da religião persa, no entanto, residia no **dualismo**. Eles não aceitavam que o mal e o bem adviesse do mesmo ser, havendo dois seres: um bom e o outro, consequentemente, mau.

Batista (2015) ressalta que semelhante visão influenciou os judeus, pois, mesmo sem admitir o dualismo, queriam evitar a ideia de que Deus fosse a origem do mal também. O mal deveria vir de fora de Deus, tendo origem em Satanás e nos demônios.

Antes do exílio, os judeus consideravam Deus a fonte do bem e do mal. Tudo advinha de Deus: o bem e o mal, a bênção e a desgraça. Depois do exílio, passou-se a pregar que somente o bem advinha de Deus. Satã, um membro da Corte celestial, tornou-se o representante e autor do mal. Os demônios, que antes causavam apenas alguns infortúnios, passaram a ser tentadores, incitando o homem ao pecado.

O conceito de *Corte de Deus*, onde Javé seria o Deus dos deuses, transformou-se. Os deuses menores se tornaram anjos que ligam o homem a Deus ou demônios que d'Ele o afastam. A ênfase recai, então, na singularidade divina. Não há outros deuses – apenas Javé.

A situação nova é **paradoxal**, pois, ao mesmo tempo em que o povo insistia no monoteísmo como o elemento essencial da fé em Deus, inclinava-se inconscientemente para um tipo de dualismo: explicitamente, são monoteístas; implicitamente, nem tanto. Há apenas um Deus: onipotente, mas é totalmente bom, a cuja natureza o mal é alheio.

Para explicar a existência do mal, os judeus destacaram a atividade de seres maus por natureza. Criou-se uma tensão entre o **monoteísmo explícito** e o **dualismo implícito**. Esse processo de transformação conceitual pressupõe que a própria visão do povo sobre Deus está mudando. Deus não muda, sendo o mesmo ontem, hoje e eternamente. Entretanto, o conhecimento a respeito d'Ele foi revelado progressivamente durante a história de Seu povo.

Em textos pré-exílicos, as principais referências cosmológicas estão relacionadas aos ídolos. Naquele contexto, os judeus entendiam ser Javé, o Deus Altíssimo, superior aos deuses menores dos outros povos. Naquele momento, em que cada povo tinha uma divindade oficial, quando um indivíduo mudava de país, geralmente mudava de deus também. Quando um país vencia outro na guerra, era o deus desse país que vencia o deus do outro país (Beaumont, 2012, 2013).

O povo entendia que esses deuses seriam bons ou maus conforme agradados, explicando o costume idólatra de adoração a postes e estrelas. Os judeus queriam agradar os ídolos, chegando, por vezes, a afirmar que o culto idólatra era mais vantajoso do que o próprio culto a Javé. Depois do exílio, entretanto, passaram a pensar de forma diferente. Todos os ídolos ou deuses menores eram definidos como meros seres celestiais, anjos ou demônios. Somente Javé era visto como Deus.

Todos os ídolos-deuses, e depois anjos ou demônios, tinham origem em Javé. Para os escritores pré-exílicos, Javé é a fonte do bem e do mal. As ações ruins dos anjos também eram do próprio Deus, já que não havia distinção entre a ação angelical e a ação divina. Os membros da Corte celestial de Deus eram seres que matavam e destruíam, fomentavam a mentira e a confusão, a fim de desorientar e até almadiçoar o povo.

Essa visão sofre uma substancial alteração nos documentos posteriores ao exílio, quando surgem as principais ocorrências do personagem Satanás. Apesar de aparecer 33 vezes em 18 versos do texto hebraico do Antigo Testamento, com o sentido de oposição, obstrução ou adversário, em apenas quatro momentos o termo se refere a um ser celestial: Números, 22: 22,32; Zacarias, 3: 1-2; Jó, 1: 6; 2: 1; I Crônicas, 21: 1. Eis um exemplo:

> *Deus me mostrou o sumo sacerdote Josué, o qual estava diante do Anjo do Senhor, e Satanás estava à mão direita dele, para se lhe opor. Mas o Senhor disse a Satanás: O Senhor te repreende, ó Satanás; sim, o Senhor, que escolheu a Jerusalém, te repreende; não é este um tição tirado do fogo?* (Zacarias, 3: 1-2)

Em Números, Zacarias e Jó, Satã é um ser celestial que age como um promotor de justiça se opondo ao homem. O anjo do Senhor que se pôs diante de Balaão lhe disse que lhe saiu como adversário, opositor. Tanto em Zacarias quanto em Jó, a função regular desse ser da Corte de Javé é tentar e acusar os homens diante de Deus.

O texto de I Crônicas, 21: 1 encontra paralelo em I Samuel, 24: 1. Em Crônicas, Satã aparece para levar Davi a pecar; em Samuel, o próprio Javé incita Davi a fazer o recenseamento. É uma forte demonstração de que, no período pré-exílico, o bem e o mal provinham de Javé e, no pós-exílico, os seres celestiais eram responsabilizados diretamente pelas coisas ruins.

Ainda assim, Satã não aparece independentemente de Deus, continuando submisso a Ele. É um ser que pratica o mal, com o consentimento do próprio Deus. Antes de atingir Jó, Deus precisa permiti-lo. O povo percebeu que, se admitissem um ser completamente independente de Javé, regressariam aos tempos de idolatria, já que um ser independente de Deus seria ele próprio um deus também.

A pregação profética está intimamente ligada a essa transição. De acordo com Sicre (2008) e Lawrence (2008), eles começaram a enfatizar a misericórdia de Deus quando compreenderam ser impossível escapar do sofrimento inerente ao exílio. De fato, trata-se de uma mensagem que fica no limite entre "a iminência da catástrofe e a esperança da restauração" (Sicre, 2008, p. 299). Assim, o povo começou a duvidar que o mal viesse do Altíssimo: deveria vir de outra fonte, que poderia ser o pecado ou algum outro ser. Deus não praticaria o mal, isso competiria aos demônios.

O processo não é simples. A transformação é longa, dolorosa e quase inconsciente. Os profetas não fizeram qualquer alteração proposital em seus conceitos, cujas mudanças acompanham o curso da história. Não estacionavam em conceitos antigos e sem efeitos, procurando dialogar com as circunstâncias para trazer mensagens relevantes ao povo (Sicre, 2008).

Somente após vários séculos de duras mensagens e lições, o povo percebeu a unicidade, a onipotência, a singularidade e o ciúme do Deus que os vocacionou. De fato, o povo de Deus pagou um alto preço pela demora em aprender essa lição.

O resultado foi o fim formal da idolatria, que doravante, com raras exceções, deixou de ser uma temática em Israel. Os profetas posteriores encontrarão outras dificuldades para enfrentar, pois, como bem afirma Gusso (2003, p. 165), "basta ler o primeiro capítulo do Livro de Ageu para perceber que Javé já havia passado para segundo plano na lista de prioridades" do povo de Israel que regressaria do cativeiro.

**Saiba mais**

## Israel no período do exílio na Babilônia

- Época: 586-538 a.C.
- Regime: colônia babilônica.
- Sistema: tributário.
- Religião: adoração a Javé, mas sem culto centralizado.
- Situação do povo: os que ficaram na Palestina vivem como camponeses em situações precárias. Os que foram para o exílio vivem em situações melhores com relativa prosperidade. Outros escapam para outras regiões, dando início à diáspora judaica pelo mundo. Todos têm esperança de retorno. Surgem as sinagogas para a adoração e a preservação da memória e da cultura judaica.

*Fonte: SBB, 2008.*

O que poderia ter impulsionado o povo rumo a esse processo de **transformação conceitual** de Deus? A resposta está nos profetas (Sicre, 2008).

O cativeiro está fundamentado na lei do descanso da terra, conforme demonstrou Jeremias, pela qual os judeus deveriam deixá-la em descanso a cada sete anos. Todavia, passaram-se 490 anos e eles não obedeceram. Como consequência, os 70 anos foram uma forma de impor semelhante descanso – tempo, aliás, predito por Jeremias (Jeremias, 25: 1, 2, 3, 11, 12). Em 539 a.C., Daniel compreendeu pelo livro de Jeremias que o tempo do cativeiro estava chegando ao fim e começou a orar pela restauração do povo. "No primeiro ano do seu reinado, eu, Daniel, entendi, pelos livros, que o número de anos, de que falara o Senhor ao profeta Jeremias, que haviam de durar as assolações de Jerusalém, era de setenta anos" (Daniel, 9: 2).

Contudo, Daniel, 5 narra a **queda da Babilônia**. Belsazar, na verdade, era o vice-rei da Babilônia, pois governava no lugar de Nabonido. De acordo com Lawrence (2008), parece que os babilônios estavam em grande festa, seguros, pois os muros da cidade eram inexpugnáveis e "podiam resistir a vários anos de cerco" (Lawrence, 2008, p. 110). Ciro, rei dos persas, desviou as águas do Rio Eufrates para um lago artificial, possibilitando entrar na cidade por baixo dos muros, com água pelos joelhos. Os persas já estavam dentro da Babilônia e Belsazar sequer recebera a notícia. Ciro, então, substituiu-o por Dario.

Aproximadamente em 538 a.C., Ciro, rei da Pérsia e novo soberano do Oriente Próximo, autorizou o retorno de Zorobabel para a **reconstrução do templo**. Sua política religiosa, diferentemente da de babilônios e assírios, era mais pacífica, permitindo a cada povo continuar adorando os respectivos deuses – ele próprio, aliás, ajudou a financiar a reconstrução do Templo de Jerusalém (Gusso, 2003).

O livro de Ester representa um parêntese na história de Israel. Sua narrativa não transcorre dentro dos limites geográficos da nação, mas no exílio, a partir da capital do Império Persa, Susã. O rei Assuero, historicamente conhecido como *Xerxes* (nome grego), reinou de 485 a 465 a.c., período em que se insere Ester, livro escrito para contar a origem da Festa do Purim, "que comemora o livramento dos judeus da conspiração de extermínio de Hamã, e é um dos festivais mais alegres do judaísmo" (Beaumont, 2012, p. 75). Parece ter sido a primeira tentativa de genocídio judaico.

## 6.4 A restauração da terra

Passado o exílio, os babilônios foram sucedidos no domínio mundial pelos persas, cuja política de controle diferia da dos impérios anteriores. Os persas desejavam agradar seus conquistados. Aliás, na verdade, Ciro "procurou tratar com respeito todos os súditos leais, inclusive os judeus" (Lawrence, 2008, p. 111), permitindo o retorno dos exilados.

Muita coisa mudou desde os tempos da monarquia unida. Havia uma ou outra boa-nova para o povo, mas, naquele momento, era difícil afirmar o que seria saudável ou não para a nação. O que todos perceberam é que tudo havia mudado.

### 6.4.1 A volta do exílio

Aqueles que almejavam se restabelecer na terra retornaram em grupos. Esse período é abrangido pelos livros de Esdras e Neemias, que narram os acontecimentos posteriores a 538 a.C., e pelo de Ester, cuja história, todavia, passa-se fora da Palestina. Os judeus tinham a oportunidade de reconstruir a nação, com exceção da estrutura política, pois não mais eram uma nação propriamente dita, mas, como bem adverte Beaumont (2013, p. 38), "uma comunidade de fé – Judá em judaísmo – que influenciaria o mundo inteiro".

## Saiba mais

- **Esdras** ("Socorro"): Era um sacerdote judeu escriba e mestre da Lei, que liderou um grupo de judeus no retorno do exílio. Contemporâneo de Neemias, trabalhou com ele no restabelecimento da Lei.
- **Neemias** ("Javé consolou"): Judeu que trabalhava servindo ao rei na Corte persa. Liderou a reconstrução dos muros. E, junto com Esdras, trabalhou também no restabelecimento da Lei.

*Fonte: Elaborado com base em Bíblia, 2006.*

Gusso (2003, p. 149) afirma que "mais uma vez a liderança mundial estava mudando de mãos e, com isto, renasceu a esperança de um recomeço para Judá". Eles receberam apoio dos persas para reconstruir a capital, Jerusalém, e o próprio templo. Os persas almejavam, possivelmente, uma estratégia para controlar a região, importante corredor comercial.

Qualquer viajante que, à época, precisasse ir do Egito para a Ásia deveria passar pela Palestina, cuja região, abandonada, poderia ser tomada por bandidos e arruaceiros. Isso significaria prejuízo para os persas caso precisassem ir ao Egito ou embarcar mercadorias no Mar Mediterrâneo. Ao contrário, com a região em paz e bem organizada, até lucro com impostos os persas teriam, uma vez que poderiam instalar postos de pedágio nas principais encruzilhadas.

Esse conjunto de fatores levou os persas a permitir que os judeus reconstruíssem sua capital, com a contribuição de recursos persas, inclusive (Gusso, 2003). Sob o domínio de Zorobabel, 42 mil judeus retornaram a Jerusalém em 536 a.C. para reconstruir o templo. Incentivado pelos profetas Ageu e Zacarias, o povo reconstruiu o templo e o dedicou novamente ao serviço religioso. Com a retomada do culto, os sacerdotes voltaram a sacrificar, liderando o povo na ausência de independência política.

Gusso (2003) destaca que a política religiosa de Ciro era complacente e branda, permitindo a cada povo adorar seus próprios deuses, incentivando e patrocinando o retorno do povo para Israel, inclusive com a reconstrução do templo.

Todavia, por conta de oposições, o trabalho foi interrompido e retomado apenas 16 anos depois, em 520 a.C., quando os profetas Ageu e Zacarias começaram a reanimar o povo. No século seguinte, em 458 a.C., o sacerdote Esdras, de imensa importância na história judaica, chegou a Jerusalém com mais 1.755 judeus. Ele estava diante de uma nação calejada em sofrimento, que testemunhara os terríveis efeitos de sua idolatria e, portanto, encontrava-se pronta para receber profunda instrução das Escrituras.

Uma terceira leva voltou com Neemias em 448 a.C., cuja chegada representou um reforço espiritual para Jerusalém (Lawrence, 2008). A tarefa desses líderes era reestruturar socialmente o povo, que, apesar da restauração do templo, ainda não dispunha da proteção de um centro político. Neemias se mostrou um excelente administrador: em pouco tempo, reformou os muros de Jerusalém e restaurou suas portas, **reavivando o povo**. Jerusalém passou a servir como capital da província persa da Judeia. Neemias ainda promoveu uma reorganização social e civil, estruturando os registros de casamento e natalidade.

De acordo com Lawrence (2008), nesse período, Malaquias, o último profeta do Antigo Testamento, exerceu seu ministério, provavelmente durante uma ida de Neemias para a Pérsia. Mais tarde, em 432 a.C., Neemias retornou à Pérsia definitivamente. Cronologicamente, são quatro períodos:

1. Jerusalém restabelecida: Esdras 1-6 (por volta de 539-515 a.C.)
2. Ester, a rainha: Ester 1-10 (por volta de 483 a.C.)
3. Esdras, o reformador: Esdras 7-10 (por volta de 457 a.C.)
4. Neemias, o governador: Neemias 1-13 (por volta de 444 a.C.)

### 6.4.2 Movimentos religiosos pós-exílicos

Ao voltar para a terra, muitos imaginavam que Zorobabel, por ser da linhagem de Davi, "neto do rei Joaquim" (Gusso, 2003, p. 155), restauraria o reinado davídico. Quando perceberam que isso não ocorreria naturalmente, voltaram-se para Deus, crentes de que a situação de opressão e submissão às nações estrangeiras só terminaria com Sua intervenção, por meio de Seu enviado especial – o messias.

Juntamente com a ênfase na esperança messiânica, surgiu a "literatura apocalíptica" (Sicre, 2008, p. 316) apontando para o chamado *apocalipsismo*, um forte movimento cultural, autenticamente judaico por seu meio social e, sobretudo, sua inspiração.

**Saiba mais**

## O que é apocalíptica?

Apocalíptica é uma literatura que nasce em tempo de perseguição. Ela quer provocar resistência, coragem e esperança. Não fala do fim do mundo, mas da última etapa da história quando a "mão forte" de

Deus estará presente, ao lado dos oprimidos, para levá-los infalivelmente à vitória contra os opressores. A mensagem é transmitida através de símbolos e visões. É uma espécie de literatura subversiva que, através da fé, anima os oprimidos a enfrentar o opressor, na certeza de que Deus está do lado de quem luta pela liberdade.

*Fonte: Balancin, 1989, p. 72.*

Esse movimento entendia os conflitos de seu tempo como a emergência de uma luta entre Deus e as potências do mal, "com a nítida distinção entre o mundo presente e o futuro, um mundo de condenados e outro de salvos" (Sicre, 2008, p. 324). Na verdade, é uma espécie de jogo dualista em que Deus, junto a Seus filhos, luta contra o mal e seus seguidores, os filhos do mal, e, ao final, os primeiros seriam vitoriosos. De fato, "o que precede fica vinculado à ideia de um juízo terrível, que aniquilará reinos pagãos e israelitas idólatras e malvados" (Sicre, 2008, p. 323).

As principais características desse movimento cultural eram o **dualismo apocalíptico** – Antiga Era e Nova Era; e a **esperança escatológica** – a fé na intervenção divina. Sicre (2008, p. 319), ao aludir à mensagem do profeta Zacarias, descreve o momento como a "era escatológica que se aproxima".

Os judeus desse período acreditavam viver em uma era basicamente má, que receberia subitamente o messias, implantando o Reino de Deus e a consequente era vindoura. Com essa inauguração, a Antiga Era, de Satanás, caracterizada por pecado, enfermidade, demônios e triunfo do mal, seria substituída pela Nova Era, com domínio de Deus e do messias, imbuída do espírito de justiça, saúde e paz. Tudo giraria em torno da inauguração do reino messiânico de Deus, ou do fim dos tempos, deflagrando o início de uma nova era para os justos.

No movimento apocalíptico, de fértil produção literária (Sicre, 2008), os anjos assumem uma postura mediadora muito mais elevada do que a encontrada nos escritos do Velho Testamento: são mensageiros divinos que se movem incessantemente entre o Céu e a Terra, levando as respostas de Deus aos homens, autênticos "carteiros celestes" que agem com prontidão.

Essa excessiva ênfase nos anjos recebe contrapartida no papel dos seres celestiais malignos. É verdade que, ao se debater com o problema do mal no mundo, a produção literária apocalíptica adota uma visão que envolve a crença em forças cósmicas demoníacas que se apossam do poder e da autoridade de Deus. Todavia, a crença fundamental em um só Deus, criador do Céu e da Terra e que fará um dia uma nova criação, não é renegada em momento algum (Sicre, 2008).

Tais autores esforçam-se, com efeito, para deixar bastante claro que foi Deus o criador de todos os espíritos para servi-Lo e será seu juiz ao fim de tudo. Eles são, do início ao fim, Seus subalternos, inteiramente sujeitos à Sua vontade, incapazes de agir sem Sua permissão. Pode soar dualista, mas semelhante perspectiva evita toda invasão do campo de poder soberano do único Deus verdadeiro.

Mapa 6.1 – Palestina depois do exílio babilônico – cerca de 450 a.C.

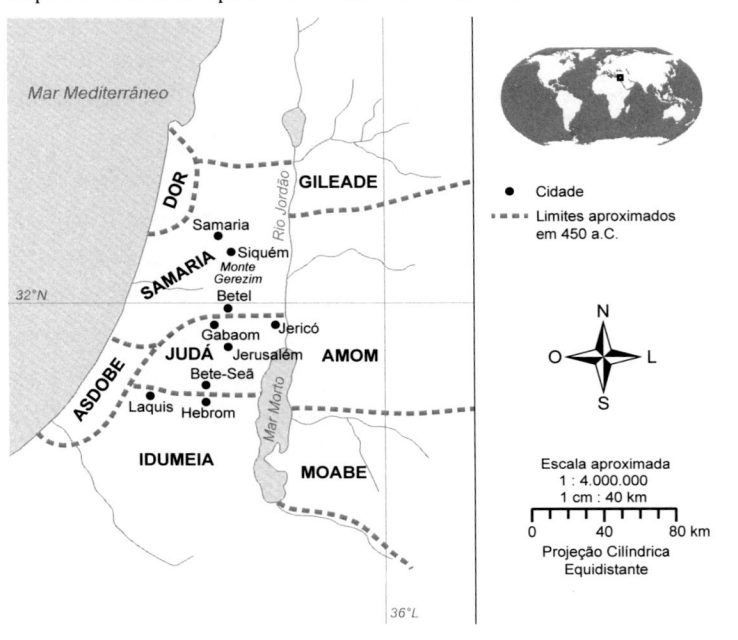

Fonte: Elaborado com base em Schultz, 1983.

**Saiba mais**

## Israel como província persa na Palestina

- Época: 538-333 a.C.
- Regime: província persa.
- Sistema: tributário.
- Religião: adoração a Javé, novamente centralizado em Jerusalém.
- Os sacerdotes lideram o povo.
- Crise: conflitos entre os que voltaram do exílio e os que permaneceram na terra. Conflitos com os samaritanos. Luta por autoestima nacional.

Fonte: SBB, 2008.

## Atividades

1. O povo de Judá não foi levado para o cativeiro de uma só vez. Quantas deportações ocorreram e quais foram os principais fatos relacionados a cada uma?

2. Quantos anos durou o cativeiro babilônico? A Bíblia explica o motivo desse tempo exato? Justifique sua resposta.

3. Leia o texto descrito pelo profeta Jeremias em Lamentações, 5: 1-22 e indique os sofrimentos que o povo de Deus passou em meio ao caos da destruição babilônica.

4. Como era a vida dos judeus na Babilônia? Analise todos os aspectos possíveis: família, religião, trabalho etc.

5. A vida religiosa do povo de Deus se alterou profundamente em muitos aspectos. Sob o seu ponto de vista, qual deles foi o mais importante para a relação do povo de Israel com seu Deus?

6. Enumere os líderes que organizaram o retorno do povo de Deus a Israel, descrevendo suas principais funções.

## considerações finais

Dissertar sobre a história de Israel é um grande desafio para qualquer historiador ou teólogo, afinal, trata-se da trajetória de um povo especial. De fato, "Israel ocupa uma posição de destaque no Antigo Testamento. Afinal, Deus escolheu Israel para ser Seu povo" (Day; Smith, 2015, p. 14).

Nessa perspectiva, procuramos demonstrar o que a Bíblia Sagrada diz sobre Israel e sua história. Assim, no primeiro capítulo, analisamos a origem do povo de Deus, a partir da qual se constata um desenrolar histórico peculiar na vida do povo hebreu, desde o período de sua formação, o chamado de Abraão, o nascimento de Isaque e Jacó, o árduo período de escravidão no Egito quando o que era uma família já se havia tornado um grande povo e o épico êxodo.

No segundo capítulo, observamos que, como nação enfim livre, "Deus precisou ensinar ao Seu povo um modo de vida totalmente novo" (Êxodo, 19: 1; Números, 10: 10). Tal ensino aconteceu por meio da instituição de uma aliança acompanhada por um processo didático para ensinar o povo a cultuar a Deus de modo racional e normativo, com o Decálogo e as leis cerimoniais apontando para uma vida santificada, a instituição do sacerdócio e a construção do tabernáculo, as festas e ofertas, a celebração em cada estação do ano – tudo para ensinar Israel a servir a Deus de maneira eficaz e, portanto, instruir as gerações subsequentes.

No terceiro capítulo, abordamos quase 40 anos de peregrinação pelo deserto até o grande momento para o povo de Israel: a conquista da terra que Deus prometera a Abraão e seus descendentes. Centenas de anos se passaram, permeados de muito sofrimento causado pela escravidão, mas, "enfim, chegara a hora de possuir a Terra Prometida" (Beaumont, 2012, p. 32) – também conhecida como *Canaã* – para, posteriormente, fixar residência e constituir o reino das 12 tribos de Israel.

No quarto capítulo, contemplamos a ascensão e a divisão em Reino do Norte (Israel) e Reino do Sul (Judá), em razão de questões políticas, enfraquecendo a nação. Foi um período importante na história de Israel, pois considerável parte das mensagens dos profetas do Antigo Testamento trata dessa divisão do reino davídico. Também apresentamos a ascensão e a queda das nações inimigas.

No quinto capítulo, tratamos separadamente de algumas situações específicas do desenvolvimento de cada reino, suas guerras e os altos e baixos envolvendo Judá e Israel. Constatamos que um fator que contribuiu imensamente para separar o reino deita raízes na apostasia de Salomão e na idolatria que caracterizou sua trajetória como rei, culminando no conflito entre Roboão e Jeroboão e, por fim, na divisão do reino. Esse período testemunhou a emergência do ministério de grandes profetas, especialmente Elias e Eliseu.

No sexto e derradeiro capítulo, analisamos o exílio babilônico e o cativeiro do povo de Judá, que, após 70 anos de servidão, regressou à terra natal. Em todo esse processo, percebemos a significativa influência dos profetas Isaías e Jeremias, admoestando o povo quanto à desobediência, exortando-o à obediência, explicando-lhe as causas do cativeiro e confortando-o com palavras de esperança, uma vez que o exílio, um dia, chegaria ao fim. Concluímos com as ações de Esdras e Neemias reconduzindo o povo à leitura e à observância da Lei, à reconstrução dos muros e da cidade, além dos movimentos religiosos pós-exílicos – o cenário que permeia o Novo Testamento para a chegada de Jesus.

Diferentemente dos demais povos, a história de Israel mais parece um processo de discipulado. Deus ensina, lentamente, Sua vontade e a natureza de Seu ser, à medida que os anos passam e os profetas pregam. A franqueza das Escrituras na narrativa da história de Israel não esconde as falhas cometidas por seus líderes. A vida dos reis, em seus erros e acertos, é mencionada com plena isenção para denotar o quão humanos eles próprios eram, em lugar de apresentá-los como modelos de perfeição.

Ainda assim, fica claro na história bíblica que foi o povo escolhido de Deus, com o qual Ele fizera uma aliança por meio de Abraão (Gênesis, 15 e 17) para dar-lhe como herança Canaã e abençoar todas as famílias da terra (Gênesis, 12: 1-3). A eleição de Israel teve um propósito especial: fazer daquele povo o canal para espalhar a salvação a todos os cantos da Terra. As Sagradas Escrituras foram a eles confiadas (Romanos, 3: 2), cabendo-lhes, primeiramente, a adoção de filhos, as manifestações da glória divina, as alianças, a Lei de Deus, o culto e as promessas (Romanos, 9: 4). Também lhes coube a missão de ser o povo de cujo seio viria o messias, o ungido (Romanos, 9: 5). Tudo isso torna esse povo objeto do cuidado permanente de Deus, constatado em toda a Bíblia, sendo obrigatórios o estudo e o entendimento do plano divino para Israel.

Com base na Bíblia Sagrada, o povo de Israel evidencia o incomensurável amor de Deus pelo ser humano. Ele forma e elege Seu povo, determina um plano de paz, prosperidade e bênção – e, mesmo quando esse povo O desobedece e afasta-se d'Ele, Deus o busca em seus momentos de sofrimento e opróbrio, tais como nos dias de exílio (egípcio, assírio e babilônico) ou nas guerras travadas no período das conquistas da terra de Canaã e dos reis do norte e do sul. Mesmo quando tudo parece perdido, Deus suscita uma nova história – e, assim, a trajetória do povo de Deus, tanto naquela época restrita aos judeus quanto hoje, abrangendo todas as nações da Terra, conforme prometido a Abraão por Deus, segue firme e constante.

Esperamos ter mostrado, de forma muito natural e com linguagem simples, o grande amor de Deus, manifesto na história de Seu povo, o povo de Israel. A obra certamente contempla vários públicos; entretanto, com enfoque voltado aos estudantes da Bíblia, teólogos ou não, nosso intuito é enriquecer a fé de cristãos e o conhecimento geral por parte de todos os interessados em se aprofundar nessa parte da trajetória de uma nação essencial à história da humanidade.

Trata-se de uma mera pausa. A história de Israel, afinal, ainda não terminou.

"Bem-aventurado és tu, ó Israel! Quem é como tu..." (Deuteronômio, 33: 29).

# glossário

**Aliá** (do hebraico: ascender, subir): utilizado para fazer referência à imigração judaica para a Palestina.
**Alienação**: falta de percepção da realidade.
**Antissemitismo**: espírito de ódio contra judeus ou contra o judaísmo.
**Ápice**: cúmulo, topo, ponto máximo.
**Apocalipsismo**: espírito de uma época, refletido em textos apocalípticos, caracterizado pelo pessimismo e pela perspectiva de que o fim está próximo.
**Apostasia**: abandono da fé ou de um credo.
**Ázimos**: um tipo de pão assado sem fermento, feito somente de farinha de trigo (ou de outros cereais, como aveia, cevada e centeio) e água.
**Bélico**: guerreiro.
**Bidirecional**: o que tem duas direções.
**Carnificina**: violência, sangria, massacre.

**Cinzel**: instrumento cortante em uma das extremidades, principalmente por escultores e gravadores.
**Clã**: grupo de famílias de uma linhagem comum.
**Cosmológico**: relativo ao cosmos, ao Universo.
**Cronológico**: relativo ao tempo.
**Deicidas**: assassinos de deuses, incrédulos.
**Delta do Nilo**: região fértil do Egito, banhada por vários braços do Rio Nilo.
**Deportar**: obrigar a deixar um país ou nação.
**Desterro**: destruição completa de um povo.
**Diáspora**: fenômeno judaico de espalhamento do povo judeu por todos os países e regiões.
**Dualismo**: visão religiosa que entende que o bem e o mal têm origens diferentes.
**Erudição**: cultura e sabedoria em abundância.
**Escriturística**: em torno das Escrituras.
**Escrupulosamente**: pormenorizadamente, meticulosamente, nos mínimos detalhes.
**Especulações**: divagações, tentativa de compreensão das coisas.
**Esperança escatológica**: esperança em torno do fim de todas as coisas.
**Ética**: relativo à moral, aos relacionamentos entre pessoas e sociedades.
**Exílio**: residência forçada fora do país de origem.
**Explícito**: claro, evidente.
**Haganá**: organização de autodefesa judaica de caráter sionista.
**Holocausto**: acontecimento horrível, tenebroso, maléfico.
**Incesto**: relações sexuais ou íntimas entre parentes próximos.
**Inquisição**: ação violenta da Igreja Católica na Idade Média para tentar impedir a proliferação de pensamentos ou grupos que divergiam da posição oficial da Igreja.

**Interpessoais:** entre pessoas, entre seres humanos.

**Laicato** (estado ou caráter de laico): remete a laicismo, doutrina que defende e promove a separação entre Igreja e Estado.

**Legiões:** agrupamento de soldados estruturados em torno de uma liderança unificada.

**Leva:** grupo, conjunto.

**Migram:** viajam, vão de um lugar para outro.

**Miscigenação:** mistura entre raças.

**Mitra:** cobertura para a cabeça de diversos povos da Ásia, muitas vezes, utilizada como uma insígnia eclesiástica por sacerdotes.

**Moldes:** modelos.

**Monolatria:** a adoração concreta de apenas um deus, presente em um contexto tanto politeísta quanto monoteísta.

**Monoteísmo:** expressão religiosa em torno de uma única divindade.

**Mosaicos:** quadros, partes, porções.

**Nortear:** dirigir, controlar.

**Ostracismo:** isolamento, exclusão, atitude de indiferença em relação a uma pessoa.

**Otomanos:** povo adversário do Império Romano durante certo período da história.

**Panteão:** grupo ou conjunto de divindades.

**Paradoxal:** contraditório.

**Paulatino:** devagar.

**Periódicas:** em períodos de tempos regulares ou distintos.

*Pogroms*: ataque violento maciço a pessoas, com a destruição simultânea de seu ambiente (casas, negócios, centros religiosos etc.). Historicamente, o termo tem sido usado para denominar atos de violência em massa contra minorias étnicas.

**Polilatria:** adoração concreta de vários deuses.

**Poligamia**: casamento formado por mais do que duas pessoas, geralmente consistindo na forma de um marido para mais do que uma esposa.

**Politeísmo**: crença na existência de vários deuses.

**Povo helênico**: descendente dos gregos, de cultura grega.

**Quinhão**: porção, herança.

**Relacional**: relativo a relacionamentos.

**Remanescentes**: restantes, resíduos, resto de um povo.

**Ruptura**: divisão, partilha.

**Seminômade**: pessoa ou grupo de pessoas, como tribos, que conserva residência fixa, mas não por muito tempo.

**Sinagoga**: lugar onde o povo judeu se reunia para a oração, para ouvir a palavra de Deus e para a pregação. Teve início na Babilônia.

**Sistematizar**: organizar em sistemas, em tópicos, em conjuntos ordenados.

**Soerguimento**: levantar-se novamente.

**Subalterna**: pessoa subordinada ou que se sente inferior em relação a outra.

**Subserviente**: pessoa obediente, servil.

**Temática**: relativo a temas.

**Umma**: do árabe, exprime a ideia de nação, comunidade. A título de exemplo, al-Umma al-Muttahida é a forma árabe de dizer "Nações Unidas". No Islã, refere-se à comunidade constituída por todos os muçulmanos do mundo, unida pela crença em Alá e em seu profeta, Mohammed (Maomé).

**Vassalo**: empregado, escravo, servo.

**Vertiginoso**: rápido, veloz.

# referências

BALANCIN, E. M. **História do povo de Deus**. São Paulo: Paulinas, 1989.

BATISTA, M. da S. **História de Israel**. Rio de Janeiro: [s.n.], 2015. v. 1.

BEAUMONT, M. **Enciclopédia bíblica ilustrada**. Barueri: Sociedade Bíblica do Brasil, 2013.

BEAUMONT, M. **Guia prático da Bíblia**. Barueri: Sociedade Bíblica do Brasil, 2012.

BEZERRA, J. Mesopotâmia. **Toda Matéria**. Disponível em: <https://www.todamateria.com.br/mesopotamia/>. Acesso em: 31 maio. 2024.

BÍBLIA. Português. **Bíblia de Estudo Almeida**. Tradução de João Ferreira de Almeida. rev. e atual. Barueri: Sociedade Bíblica do Brasil, 2006.

BÍBLIA. Português. **Bíblia de estudo NTLH**. Tradução de Nova Linguagem de Hoje. Barueri: Sociedade Bíblica do Brasil, 2005.

BÍBLIA. Português. **Bíblia de Referência Thompson**. Tradução de João Ferreira de Almeida. versão contemporânea. São Paulo: Vida, 2010.

BÍBLIA. Português. **Bíblia Sagrada**. Tradução de João Ferreira de Almeida. Versão corrigida. São Paulo: Sociedade Bíblica do Brasil, 2008.

BÍBLIA. Português. **Bíblia Shedd**. Tradução de João Ferreira de Almeida. 2. ed. São Paulo: Vida Nova, 1997.

BIBLIOTECA ON-LINE da Torre de Vigia. **O Reino Dividido**. Disponível em: <https://wol.jw.org/pt/wol/d/r5/lp-t/1200001697>. Acesso em: 31 maio. 2024.

DANIELS, P. S.; HYSLOP, S. G. **Atlas da história do mundo**: National Geographic. São Paulo: National Geographic Brasil, 2004.

DATTLER, F. **Gênesis**. São Paulo: Edições Paulinas, 1984.

DAY, T. J.; SMITH, C. J. **Manual essencial da Bíblia**. Barueri: Sociedade Bíblica do Brasil, 2015.

DOUGLAS, J. D. Menaém. In: DOUGLAS, J. D. **O novo dicionário da Bíblia**. São Paulo: Edições Vida Nova, 1983.

GALIL, G. **The Chronology of the Kings of Israel and Judah**. New York: E. J. Brill, 1996.

GERONE JUNIOR, A. de. **Missão que transforma**: a evangelização integral na Bíblia. Curitiba: ICD Publicações, 2015.

GUSSO, A. R. **Panorama histórico de Israel para estudantes da Bíblia**. Curitiba: AD Santos, 2003.

HUBBARD, D. A. Jeroboão. In: DOUGLAS, J. D. **O novo dicionário da Bíblia**. São Paulo: Edições Vida Nova, 1983.

JOHNSON, P. **História dos judeus**. Rio de Janeiro: Imago, 1989.

LAWRENCE, P. **Atlas histórico e geográfico da Bíblia**. Barueri: Sociedade Bíblica do Brasil, 2008.

LDS – A IGREJA DE JESUS CRISTO DOS SANTOS DOS ÚLTIMOS DIAS. **O império assírio**. Disponível em: <https://www.churchofjesuschrist.org/study/scriptures/bible-maps/map-5?lang=por>. Acesso em: 31 maio. 2024a.

LDS – A IGREJA DE JESUS CRISTO DOS SANTOS DOS ÚLTIMOS DIAS.
**O mundo do Velho Testamento**. Disponível em: <https://www.churchofjesuschrist.org/study/scriptures/bible-maps/map-9?lang=por>. Acesso em: 31 maio. 2024b.

MACKINTOSH, C. H. **Estudos sobre o livro de Levítico**. Campinas: Depósito de Literatura Cristã, 2010.

McMURTRY, G. S. **As festas judaicas do Antigo Testamento**: seu significado histórico, cristão e profético. Curitiba: AD Santos, 2012.

MILLARD, A. R. Pecaías. In: DOUGLAS, J. D. **O novo dicionário da Bíblia**. São Paulo: Edições Vida Nova, 1983.

MINISTÉRIO CASA DO PAI. **O tabernáculo**. Disponível em: <http://www.ministeriocasadopai.com/2014/11/o-tabernaculo.html>. Acesso em: 30 out. 2017.

MUNDO BÍBLICO. **O ministério dos sacerdotes**. 3 set. 2010. Disponível em: <http://www.mundobiblico.com.br/content/index.php?option=com_content&view=article&id=52:o-ministerio-dos-sacerdotes&catid=6:estudos-biblicos&Itemid=15>. Acesso em: 30 out. 2017.

RAVEM, Y. **As sete Festas de Israel no Novo Testamento**. 10 dez. 2014. Disponível em: <http://www.nistocremos.net/2008/10/histria-da-redeno-contada-pelas-7.html>. Acesso em: 30 out. 2017.

RUDE CRUZ. **A arca da aliança, arca do concerto**. 1º jul. 2013. Disponível em: <http://www.rudecruz.com/estudos-biblicos/antigo-testamento/exodo/a-arca-da-alianca-a-arca-do-concerto-estudo-biblico.php>. Acesso em: 30 out. 2017.

SBB – Sociedade Bíblica do Brasil. **Manual Bíblico SBB**. Tradução de Lailah de Noronha. Barueri, 2008.

SCHULTZ, S. J. **A história de Israel no Antigo Testamento**. São Paulo: Vida Nova, 1983.

SICRE, J. L. **Profetismo em Israel**: o profeta, os profetas, a mensagem. Petrópolis: Vozes, 2008.

SILVA, L. H. de A. **Reino dividido**. Disponível em: <http://www.apazdosenhor.org.br/profhenrique/reinodividido.jpg>. Acesso em: 30 out. 2017.

SILVA, L. H. de A.; GILBERTO, A. **Lição 9**: um lugar de adoração no deserto. 2014. Disponível em: <http://www.apazdosenhor.org.br/profhenrique/licao9-ujf-1tr14-umlugardeadoracaonodeserto.htm>. Acesso em: 30 out. 2017.

THIELE, E. **The Mysterious Numbers of the Hebrew Kings**. 3. ed. Grand Rapids: Zondervan/Kregel, 1983.

UNGER, M. F. **Manual Bíblico Unger**. São Paulo: Edições Vida Nova, 2006.

WAITE, J. C. J. Acazias. In: DOUGLAS, J. D. **O novo dicionário da Bíblia**. São Paulo: Edições Vida Nova, 1983.

WISEMAN, D. J. Peca. In: DOUGLAS, J. D. **O novo dicionário da Bíblia**. São Paulo: Edições Vida Nova, 1983.

# sobre os autores

**Acyr de Gerone Junior** tem graduação em Teologia pelo Seminário Teológico Betânia (Fatebe), de Curitiba, e pela Pontifícia Universidade Católica do Paraná (PUC-PR). Tem MBA em Gestão Empresarial pela Fundação Getúlio Vargas (FGV) e MBA em Propaganda, Marketing e Comunicação Integrada pela Universidade Estácio de Sá (Uniesa). É pós-graduado em Projetos Sociais no Terceiro Setor pela Faculdade Teológica Batista do Paraná (FTBP) e em Ciências da Religião pela Faculdade Entre Rios (Faerpi). É mestre em Educação pela Universidade Federal do Pará (UFPA) e doutor em Teologia pela Pontifícia Universidade Católica do Rio de Janeiro (PUC-Rio). Concluiu seu estágio de pós-doutorado na Universidade Metodista de São Paulo (UMESP). É secretário de Educação e Cultura da Sociedade Bíblica do Brasil e membro titular da Academia Evangélica de Letras do Brasil (AELB). É pastor evangélico, professor universitário, palestrante e autor de vários artigos e livros na área de teologia, gestão e educação.

**Marcos da Silva Batista** é bacharel em Teologia pelo Seminário Teológico Evangélico Congregacional do Rio de Janeiro, onde lecionou Velho e Novo Testamento, Comunicação e Contextualização. Exerceu a função de relações públicas e eclesiásticas e de diretor comercial na Vinde TV. É coach pela Sociedade Brasileira de Coaching. Coordenou os projetos de captação de recursos da Fábrica da Esperança. Pastoreou a Igreja Congregacional de Venda das Pedras e a Igreja Congregacional de Bonsucesso, bem como a Igreja Presbiteriana de Honório Gurgel da Filadélfia (interino), da Penha (auxiliar), de Campos Elíseos (interino) e de Acari (interino). Organizou e pastoreou a Igreja Presbiteriana do bairro Pechincha, em Jacarepaguá. Foi vice-presidente de Ação Social do Comitê da Paz da Organização das Nações Unidas (ONU). Por vários anos, liderou caravanas rumo à Terra Santa. Atualmente, é coordenador de Desenvolvimento Institucional da Sociedade Bíblica do Brasil e vice-presidente da Ordem dos Ministros Evangélicos no Brasil e no Exterior (Omebe), no Rio de Janeiro.

Impressão:
Junho/2024